# 預防長者自殺

## 實務及工具手冊

U0164377

# 預防長者自殺

## 實務及工具手冊

林一星、沈君瑜、陳潔英、黃樂仁、邱皓妍、陳熾良、郭韡韡

策劃及捐助：
 香港賽馬會慈善信託基金

合作院校：
  Department of Social Work and Social Administration
The University of Hong Kong
香港大學社會工作及社會行政學系

香港大學出版社

香港大學出版社
香港薄扶林道香港大學
https://hkupress.hku.hk

© 2022 香港大學出版社

ISBN 978-988-8754-22-9（平裝）

10 9 8 7 6 5 4 3 2 1

亨泰印刷有限公司承印

# 目錄

# 工具包 63

# 序

生老病死是人生的自然階段。勞碌半生，踏入遲暮之年，對不少長者來説，身心都承受極大轉變，也要面對家庭和社會的沉重壓力。這些轉變和壓力容易令人喘不過氣來，甚至一時想不開選擇自行了結生命。自殺一直是令人擔憂的公共健康議題，以每十萬人計算，香港2020年的整體自殺率為12.1，當中長者（60歲或以上人士）的自殺率更是較其他年齡為高，而男性和女性的自殺率則分別為24.5及15.3。近年長者自殺事件頻生，漸漸引起大眾關注，而導致自殺的各種因素，如身體疾病、獨居、缺乏社交、照顧者壓力、與子女關係疏離等問題也不容忽視，風險個案潛藏在我們身邊。助人專業人士應如何及早識別風險人士？長者的身邊人又可以提供甚麼支援？這本手冊將會逐一解答。

安享晚年是每個人的願望，然而保持長者身心健康並防止他們自殺並不是一項簡單的任務。本手冊把預防長者自殺的工作分為四個階段/層面闡釋，以方便助人專業人士對應個案的情況參考應用。手冊亦列舉及早識別長者自殺風險的方法，配合簡單的篩查工具，加強助人專業人士的個案識別技巧。助人專業人士採取適當的介入方法，對減低自殺風險尤為重要，手冊分別按不同風險級別提供介入支援指南。而自殺事件可能對社區及遺屬造成後續影響，手冊亦進一步講解自殺事後介入的重要性，教導家庭及社區人士接納和排解哀傷。最後，助人專業人士也不能忽視個案對自己的心理影響，手冊則載有助人專業人士的自我照顧模型，在擁抱別人的同時也不能忘記守護自己。

精神健康與自殺風險息息相關，本手冊深入淺出地提供實用指引。但要長遠有效降低長者自殺的風險，必須要以社區及家庭為本，增強長者的抗逆力及對精神健康的關注。我們希望透過分享預防長者自殺的見解和心得，協助眾多的助人專業人士及市民大眾，一同面對精神健康的考驗。

任何人都會變老，無論我們現正經歷人生甚麼階段，處於社會任何崗位，我們都可以與長者同行，肩負社會責任，向他們施予關懷和援手，把有可能出現的自殺危機火種及早撲熄，讓長者迎來更豐盛的晚年生活。

賽馬會樂齡同行計劃項目經理（研究）及
香港大學社會工作及社會行政學系助理教授（研究）
劉天音博士
二零二二年一月 香港

# 前言

## 責任聲明

本手冊旨在增加讀者對預防自殺工作理論和實踐的認識，而非就有關工作訂立任何通用和特定的標準。我們希望助人專業人士如在工作中遇到自殺或具自殺傾向的個案，均可透過本手冊，找到適用於一般機構（如社會服務團體）的常用術語、技巧和工作實例，以制定預防自殺工作的策略。

預防自殺是一項跨領域的工作，助人專業人士未必具備本手冊內描述的所有處理方法，以及所要求的專業知識和技巧。我們建議他們在進行預防自殺工作之前，先檢視自己的能力和可用資源，並在有需要時尋求相關的督導、教育和培訓。如果對本手冊的內容有任何疑問，可向具資格的精神健康、法律或其他相關專業人士進一步查詢。

助人專業人士應明白處理具自殺風險的個案時，必須謹慎地運用其臨床評估及判斷，並對影響個案的決定承擔適當的責任。由於自殺風險評估本身是一件很困難的工作，因此在考慮到整體情況之後，助人專業人士應採取「有備無患」的態度，提供適切的風險管理和介入方法。不論如何，作者及其所屬機構不會對因使用本手冊內容而造成的任何損失承擔責任。

# 簡介

## 本手冊的目的

「JC JoyAge：賽馬會樂齡同行計劃」由2016年開始於本港四區試行，並於2020年分兩階段推展至全港十八區。該計劃旨在提升以社區資本為主的長者精神健康支援服務，從而有效地促進地區長者服務和社區精神健康服務之間的協調，改善針對有需要長者之服務範圍和覆蓋面，對家庭和社區產生正面的影響，以提升大眾對心理健康的認知水平。與此同時，該計劃提供各類培訓予從事長者工作的助人專業人士（包括：從事心理健康服務的社工、輔導員、心理學家、職業治療師、物理治療師和精神科護士），使他們掌握所需的技巧和知識，以增強其個案介入和管理的能力。本手冊乃屬於該計劃的其中一部分。

本手冊的主要目的是提供實務指引，以協助助人專業人士和社區，就預防長者自殺的不同介入階段，開展相應的工作（即及早識別和評估、介入方法及事後介入）。手冊內不單載有易於參考的列表、問卷和表格，還建議相應的措施。

為了更妥善管理具有自殺風險的個案，作者會在手冊中詳細介紹有關自殺的基礎知識（例如：常見的迷思和事實），以及助人專業人士所需的實用技巧（例如：如何與當事人作適當的接觸）。

本手冊載有關於支援和教育資源（例如：熱線電話、非政府機構的網站）的列表，方便讀者隨時參考和進階學習。

儘管任何預防自殺的方案都應採用以公共衛生為本的方案，但本手冊不會重點提及有關社區層面的介入措施（即普遍預防策略）。若想知道有關此方面的詳細資訊，建議讀者參考《香港預防自殺：機遇與挑戰》（章節取錄於英文原書）（Yip et al., 2013）。

 ## 如何使用此預防自殺實務手冊？

此手冊分為兩個部分：主體書冊和相應的工具包。工具包旨在給予助人專業人士/社工一套快速參考的實用工具，包括工作清單、問卷、工作紙和參考附表等，方便他們在臨床實務時使用。主體書冊闡述了工具包背後的理論和知識，包括詳細講解不同階段（自殺評估、介入和事後介入）的自殺介入工作，並且載有不同的「臨床注意事項」，羅列一些相關案例及適用於香港和長者群組的資料。

# 長者自殺現象

全球每年有近80萬人死於自殺,即每40秒就有1人死亡(World Health Organization [WHO], 2019)。根據世界衛生組織(WHO)的定義,自殺是指當事人有意識地傷害自己以結束生命(WHO, 2014)。

另外,根據世界衛生組織的資料,長者的自殺風險比其他年齡層高(WHO, 2019),構成人口下降和家庭動盪的重要因素,絕對是一個值得關注的公共衛生問題(Brooks, Burruss, & Mukherjee, 2019)。事實上,很多國家都出現長者自殺率高企的情況。在美國,每年有7,000多名60歲或以上長者自殺(Logan, Hall, & Karch, 2011),而自殺率從1999到2014年之間增加了25%(Curtin, Warner, & Hedegaard, 2016)。2010年的一項研究發現,每1.5個小時就有1名長者死於自殺(Carlson & Ong, 2014)。

香港的自殺率為每10萬人中約有13人,當中長者的自殺率差不多是平均人口的兩倍。65歲或以上人士最常用的自殺方法是從高處墮下(54.8%),其次是吊死(33.2%)、燒炭(3.2%)、服毒(2.5%)、以及其他方法(2.8%)(Centre for Suicide Research and Prevention, 2020)。另外,在2017至2019年期間,「JC JoyAge:賽馬會樂齡同行計劃」共收集了4,259名居港長者的研究數據,發現有視力障礙、焦慮及孤獨感的長者更容易產生自殺念頭。

其實早在1998年,本地非政府機構「生命熱線」已經開始在社區進行預防長者自殺工作。先導計劃主要針對社區中有自殺傾向的長者,並為他們提供早期評估和篩查。其後,社區亦陸續開展了不同的計劃,例如:外展義工、長者義工朋輩支援、社區教育和培訓等活動。

# 第一章　及早識別

## 及早識別

對於助人專業人士來說，能夠及早識別或發現具有高自殺風險的長者，將有助訂立和實行適當的預防及/或介入措施。為盡量降低長者的自殺風險，助人專業人士應分別在中心和個人層面，制定篩查具自殺風險長者的策略。

## 1.1 在中心層面及早識別有自殺風險的長者

要有效預防和識別具自殺風險的人士，由恆常化的篩查至進一步提供針對性的預防自殺措施（例如：管理常見風險），提升機構職員在自殺議題的意識和敏感度尤其重要。機構應定期評估自身和職員的準備工作及敏感度，然後制定適合的方案，以增強和改善有關預防自殺工作的知識或服務。

### 1.1.1 長者自殺的風險因素和保護因素

**你可使用的工具：**

▶ 工具 1.1：長者自殺的風險因素和保護因素

在大多數情況下，自殺風險是由一系列潛在因素而不是單一原因構成。為了在日常工作中能及早識別或發現有自殺風險的長者，助人專業人士必須對自殺常見的風險因素和保護因素有透徹的了解和辨識能力。風險因素是指在個人或環境方面有可能增加當事人死於自殺行為之要素。反之，保護因素是指減少出現自殺行為和其他行為健康問題之要素（Monk et al., 2007; Substance Abuse and Mental Health Services Administration [SAMHSA], 2015）。

**臨床注意事項**

締造一個友善、關愛的社區環境，讓長者公開談論有關精神健康的議題，都有助提升他們對精神健康的認識（例如：適應老齡化和預防自殺）。長者中心可考慮透過以下方式，建立社區資本：

- 促進跨領域合作，包括不同範疇的專業人士、鄰舍、家庭、同儕和長者，共同制定健康老齡化的策略

- 舉辦不同活動，以提升大眾的精神健康認知水平，減少社會對心理健康問題的污名化

- 強調抑鬱的風險及其治療方法。由過來人分享復元故事，有助鼓勵有需要人士尋求幫助

- 提供足夠的時間/空間和熟悉易達的環境，讓長者安心地完成恆常篩查和諮詢

- 透過義工定期電話慰問或家訪，識別高危群組

- 把握每次職員與長者見面的機會，邀請長者分享情緒經歷，並多留意他們的非言語表達（例如：說話速度緩慢或反應遲鈍），有助我們更了解長者近期的精神健康狀況

## 1.1.2 簡單篩查工具

**你可使用的工具：**

▶ 工具1.2：針對精神健康狀況和自殺傾向的簡短篩查工具樣本

在常規服務中使用篩查工具，有助助人專業人士及早識別個案的臨床抑鬱程度和自殺風險。由於長者認知能力或會較弱（例如：集中時間較短）及/或教育程度偏低，這些篩查工具應以精簡為主。初步被評定為「有風險」的人士，應接受全面抑鬱診斷評估和/或自殺評估（請參閱下文工具1.9和2.2），以作進一步的診斷、有效的介入和適當的跟進。

---

 **臨床注意事項**

**例子**：在特殊情況下篩查有需要的長者

**機構**：JC JoyAge項目團隊（香港大學研究團隊和非政府機構合作夥伴）
**日期**：2020年2至8月（COVID-19疫情開始後的首半年）
**背景**：了解於COVID-19疫情開始後的首半年，長者普遍的精神健康情況
**目標群組**：8,382名60歲或以上人士
**篩查方法**：電話調查
**篩查工具**：PHQ-2和GAD-2

**結果：**

1. 十分之一的長者有抑鬱或焦慮症狀，其中一半同時出現兩種症狀

2. 相比80歲或以上人士，60–79歲人士出現抑鬱或焦慮症狀的比例更高

3. 相比男性，女性出現抑鬱或焦慮症狀的比例更高

4. 五分之一的認知障礙症患者的照顧者有抑鬱和焦慮症狀，為非認知障礙症患者的照顧者的兩倍

**摘要：**

1. 已完成進一步的深入評估，確定了疫情期間長者的情緒問題和自殺風險

2. 建議按情緒問題和自殺風險的嚴重程度，進行個案分流及專業介入

3. 需要為特殊群組（即：女性長者和照顧者）制定針對性的介入策略

4. 考慮到疫情期間的社交距離措施，建議採用創新的介入方案（例如：舉辦線上講座和支援小組）

### 1.1.3 培訓專業人士和志願者

**你可使用的工具：**

▶ 工具 1.3：有關自殺的迷思和事實
▶ 工具 1.4：預防長者自殺的專業能力清單
▶ 工具 1.5：自殺警號的心理健康教育樣本

由於長者會受到上述多方面因素影響，無論他們是否正接受社會服務或照顧，也有機會在某些時間感受挫折，萌生自殺念頭。因此，政策方面首要提高助人專業人士和公眾（包括：個案的家人和非政府機構的志願者）對長者自殺風險的警覺性。透過教育有關自殺風險的知識及管理技巧，我們可以提升辨識高風險人士的能力，鼓勵他們主動尋求協助，以及增強助人專業人士介入方案的可行性，並減少污名化。因此，我們必須先確保助人專業人士和中心會員/義工掌握有關自殺的基本知識，好讓他們準備履行在預防自殺工作中的崗位。

### 1.1.4 你可以如何協助

考慮到處理自殺事件的特定情況（例如：個案風險、社區資源），各中心應制定一系列預防自殺的方針和措施。

**你可使用的工具：**

1. 以下是一些參考例子及可使用的工具，有助提升專業人士和中心會員/義工在心理健康方面的意識

▶ 工具 1.1：長者自殺的風險因素和保護因素
▶ 工具 1.3：有關自殺的迷思和事實
▶ 工具 1.5：自殺警號的心理健康教育樣本

2. 進行定期的健康篩查

▶ 工具 1.2：針對精神健康狀況和自殺傾向的簡短篩查工具樣本

3. 促進長者整體身心健康

▶ 工具 1.6：預防長者抑鬱和焦慮的方法
▶ 工具 1.7：促進長者的身心健康

## 1.2 **在個案層面及早識別有自殺風險的長者**

助人專業人士未必具備識別和處理自殺事件的技巧，尤其是當他們的服務性質並非專門針對預防自殺。儘管如此，助人專業人士有很大機會在日常工作期間，遇到有自殺風險的個案。因此，助人專業人士必須對自殺常見的風險因素和個別警號（即更個人化和具迫切性的因素），有透徹的了解令他們能夠持續觀察個案的變化，從而衡量是否需要進一步評估其抑鬱或自殺風險。

### 1.2.1 辨識有較高自殺風險的個案群組

總括來說，助人專業人士必須留意以下有關長者的自殺風險因素，並考慮是否需要為他們作直接的自殺評估：

1.  表達自殺意念（例如：在病人健康狀況問卷—9〔PHQ-9〕的題目9中，提供「幾天」、「超過一半以上的天數」或「近乎每天」的答案的人）

2.  曾企圖自殺

3.  患有心理疾病或情緒問題

4.  行為上顯露潛在心理健康問題

5.  最近從精神科醫院出院

6.  最近從急症室出院

7.  最近經歷過重大的挫折或難堪的事件（例如：家人離世）

8.  最近遭遇自殺事件

9.  抑鬱情緒改善令行動能力提高

### 1.2.2 面談時如何辨識自殺警號

**你可使用的工具：**

▶ 工具1.8：自殺警號
▶ 工具1.9：評估長者常見精神健康問題的臨床量表
▶ 工具2.2：自殺風險評估表

在臨床面談或其他互動過程中，個案的自殺風險有可能以不同警號呈現（例如：他們的說話／行為／感覺）。若能有效辨識這些警號，將有助助人專業人士進行全面的自殺風險評估，並採取適當的應對措施。

## 説話

- ☐ 作出直接或間接的陳述，希望自己死去或傷害／殺死自己
  （例如：我不想再活下去。）
- ☐ 提及他們感到痛苦不堪、絕望或無助
  （例如：我已經沒有將來了。）
- ☐ 提及他們毫無價值或成為他人的負累
  （例如：如果沒有我，他們會更好。）
- ☐ 對其自殺風險的詢問作戒備性回應
- ☐ 與親友告別
- ☐ 表達自殺計劃的信息
  （包括：時間、方式或死後安排）

## 情感

- ☐ 經歷難以忍受的心理痛苦
- ☐ 極端／急劇的情緒變化
  （例如：從嚴重的抑鬱到樂觀或平靜的突變）
- ☐ 極度哀傷／飲泣
- ☐ 脾氣暴躁／易怒
- ☐ 疏離／冷漠／麻木
- ☐ 內疚

## 行為

- ☐ 尋找傷害或殺死自己的方式
  （例如：訪查可從高處墮下的地點）
- ☐ 自我忽視
- ☐ 魯莽地行動或以焦慮不安的方式對待自己
- ☐ 從朋友、家人和社會中抽離／孤立自己
  （例如：對家庭或社交活動不感興趣）
- ☐ 交代或丟棄個人物品
- ☐ 訂立遺囑
- ☐ 改變睡眠或飲食習慣
- ☐ 體重驟變
- ☐ 逐漸養成不健康的生活習慣
  （例如：酗酒、吸毒）
- ☐ 疲勞或過度活躍
- ☐ 日常活動的表現變差

## 認知

- ☐ 自責或自我挫敗
- ☐ 缺乏人生目標
- ☐ 缺乏生存的理由
- ☐ 自尊／自我價值低
- ☐ 感到絕望、無助或無能
- ☐ 記憶力減退
- ☐ 專注力變弱
- ☐ 無法清晰思考

有重大自殺警號（頻密度或嚴重程度）的個案，必須接受直接的自殺風險評估。除了在面談期間進行臨床觀察外，助人專業人士還可以使用標準化的工具，快速評估個案是否正面對與長者精神健康相關的常見困擾。

 **臨床注意事項**

案例：

李女士現年64歲，單身，沒有子女，以往每月會到長者中心參加一至兩次康樂活動。她有一個從小就在孤兒院結識的好朋友，最近告訴李女士自己罹患晚期癌症。這位朋友已經與癌症抗爭了一年，直到最近一直掙扎如何向她透露這個消息。李女士得知消息後，突然感到極度難過。她對中心活動失去興趣，亦出現進食和睡眠困難，最近兩個星期，體重明顯下降。李女士無法制止自己去想朋友的死亡歷程，每天都被朋友將離她而去的想法纏擾，甚至想過結束自己的生命。

由於李女士是你計劃下的參加者，因此你致電給她並了解最近不出席活動的原因。李女士與你分享了她朋友的消息和自己的反應。李女士補充，她甚至不敢造訪這個朋友。儘管李女士不喜歡自己目前的情況，但對應該採取的行動感到矛盾。

給你的問題：

1. 你認為李女士正在遇到哪些情緒問題？哪些是重要徵兆？

2. 你認為李女士的狀況有自殺危機嗎？為甚麼？

3. 你認為李女士需要接受甚麼臨床評估？還有甚麼其他信息有助你評估李女士的自殺危機？

4. 你將如何與李女士互動，提供進一步以個人為本的支援？

## 1.2.3 你可以如何提供協助

**你可使用的工具：**

▶ 工具 1.8：自殺警號

▶ 工具 1.9：評估長者常見精神健康問題的臨床量表

▶ 工具 1.10：遇到有自殺風險的長者時「應做」及「不應做」的事

▶ 工具 1.11：與個案互動的常見技巧

▶ 工具 2.1：安全計劃

 臨床注意事項

以下是促使長者不願透露其自殺念頭的一些可能障礙：

• 自己／身邊文化對自殺的禁忌

• 缺乏融洽關係或安全感

• 在場的家人或朋友尚未有心理準備去理解自殺這種事情

• 助人者缺乏同理心或努力避開此類話題，並淡化個案的警號


**與個案建立良好互動，將有助評估其自殺風險，包括：**

• 認同他們的艱辛和掙扎

• 將負面情緒正常化

• 對他們人生中所承受的心理痛苦抱持同理心

• 對他們的自殺念頭和行為背後的動機不加以批判，並持開放態度

# 第二章　介入方法

## 介入方法

## 2.1 **自殺個案的分析及介入原則**

了解自殺理論，將有助助人專業人士作出適當的評估和管理個案的自殺行為。

自殺行為的概念化模型（Shneidman, 1996）

自殺是一種潛在困擾的症狀，由多種因素造成心理痛苦的綜合結果，包括潛在的精神和身體疾病（Shneidman, 1996）。為了理解自殺行為的複雜性，Shneidman（1996）提供了一個簡單的框架，該框架圍繞三個主要問題去評估個案的自殺風險，從而提供相關的協助。這三個主要問題，構成了自殺評估和治療工作的核心：

1. 哪些因素導致並延續個案的心理困擾？

2. 個案如何應對這種困擾？

3. 甚麼措施（例如：具體、生理或心理的）可在短期內減少個案的心理困擾，並長遠提高他／她對這種困擾的忍受度？

**以自殺作為應對行為的三個認知條件（Chiles & Strosahl, 1995）如下：**

• 身體或情感上所受的痛苦或困擾是「無法忍受的」；

• 生活被視為「無休止」的困擾；和

• 生活被認為是「無可逃避」的困擾，任何應對方法都不會有顯著改變。

**自殺行為問題解決模型**（Centre for Applied Research in Mental Health & Addiction, 2007）

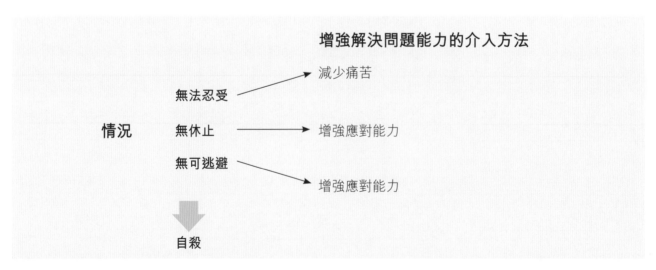

從以上解決問題的概念看到，自殺問題的介入方法著重於減少個案的身心痛苦，同時幫助個案改善情緒、認知和行為，增強其應對能力。

**處理自殺的介入方法，包括以下三個階段**（Bilsker & Forster, 2003）：

1. 個案的穩定性和人生安全。在高風險的情況下，可以採取住院治療，以保持個案的穩定性。

2. 評估短暫或持續出現的風險／保護因素；和

3. 有助持續管理和積極解決問題的因素，包括治療精神隱疾和集中於提高應對能力的解決方法。

**你可以使用的工具：**

▶ 工具 1.1：長者自殺的風險因素和保護因素
▶ 工具 2.1：安全計劃
▶ 工具 2.2：自殺風險評估表

## 2.2 判斷自殺風險級別

**你可以使用的工具：**

▶ 工具 1.8：自殺警號
▶ 工具 2.2：自殺風險評估表

### 2.2.1 掌握重要的提問技巧

一般來說，當個案承受越多危機因素或越少保護因素時，其自殺風險會越高。儘管如此，一個人會否透露自己的自殺念頭，往往未必與其自殺意圖相對應，即是處於高風險的人，可能會隱藏自己的強烈意圖或計劃。在確定個案的自殺風險級別時，助人專業人士必須保持開放和合作的態度，同時對個案的情況進行全面了解。以下是一些綜合建議和提問例子（關於自殺念頭／意圖／計劃），以提高風險評估的準確性。

 **綜合建議**

必須……

- 清楚了解個案的自殺念頭（例如：強烈程度、持續時間、內容）

- 詳細了解個案的自殺計劃（例如：時間、地點和方式）

- 評估個案的可用資源和獲得自殺工具的方法（例如：購買木炭）

- 了解是否有在死亡前做好任何準備（例如：交代個人重要財物；訂立遺囑）

綜合建議

可嘗試……

- 直接詢問個案的自殺意願（可以視為恆常評估／面談的一部分）

- 運用具描述性的問題，即個案對事實／思想／行為的理解（例如：「當您精神崩潰時，到底發生了甚麼事？」）

- 明白個案未必願意談論與其自殺風險有關的事情，因此可在面見時採取以下方法：

  ▶ 對個案現有的想法／行為作出真摯的推測（例如：「您打算採取哪種自殺方法？」而不是「您是否考慮過如何自殺？」）

  ▶ 預留機會給個案拒絕回答特定的問題（例如：「您是否曾經想過由橋上跳下來？」而不是「您當時一定是想由橋上跳下」）

 提問例子
（Centre for Applied Research in Mental Health & Addiction, 2007）

(A) 自殺念頭

- 萌生自殺念頭（例如：「您是否曾經或最近有過傷害或殺死自己的念頭？」；「會否希望有事發生在自己身上然後死去？」）

- 出現的頻率（例如：「您自殺的念頭有多頻密？」）

- 持續時間（例如：「這些自殺念頭持續了多久？」）

- 強度（例如：「這些自殺念頭有多強烈或難以忍受？」）

- 生或死的原因（例如：「您想死去的原因是甚麼？」；「另一方面，甚麼讓您想繼續生存下去？」）

(B) 自殺的行動意圖

- 出現自殺意圖（例如：「您是否曾經或最近有意圖將自殺念頭付諸行動？」）

- 強度（例如：「將自殺付諸行動的念頭有多強烈？」）

(C) 自殺計劃

- 出現自殺計劃（例如：「您有自殺計劃嗎？」）

- 詳情（例如：「您有甚麼計劃？您打算何時、何地及如何進行？」）

- 可行性（例如：「您有方法執行這個計劃嗎？」）

- 可控制程度（例如：「您在何種程度上能夠控制自己或阻止自己執行這個計劃？」）

## 2.2.2 了解自殺念頭對個案的意義

除了評估個案的風險因素和保護因素外，助人專業人士應設法了解自殺念頭對個案的意義。透過在風險評估過程中詢問個案的相關背景，助人專業人士能夠更掌握他們的具體動機，並設計一個針對性的風險管理方案。自殺的一些常見原因包括失喪、宣示掌控感/權力、罪疚感、逃避和報復等。

1. 失喪
   - 對預期或突發的失喪（例如：人際關係、健康狀況）所作出的反應

2. 宣示掌控感/權力
   - 相信自殺能賦予他/她一種力量

3. 罪疚感
   - 相信自己是他人的負累或問題的根源
   - 相信死亡可以為自己的不當行為作出補償

4. 逃避
   - 渴望制止無法忍受的痛苦
   - 相信死後可以與至親團聚

5. 報復
   - 相信重要的人會因自己離世而承受負面的影響

## 2.2.3 評估自殺風險級別

**你可使用的工具：**

▶ 工具2.2：自殺風險評估表

由於自殺評估的複雜性，助人專業人士可以參考以下自殺風險評估表，以掌握如何對個案的風險級別進行分類（Centre for Applied Research in Mental Health & Addiction, 2007）。這通常包括從個案的危險因素、保護因素以及自殺念頭或行為作出綜合評估。然而，該表僅作為一個指引，而不是任何必須完成的強制性程序/狀況。助人專業人士需要視乎專業知識、經驗和臨床判斷，以評估當前個案的自殺風險（Monk et al., 2007）。

| 風險因素 | 自殺風險級別 | | |
|---|---|---|---|
| | 輕微 | 中度 | 嚴重／非常嚴重 |
| 自殺念頭 | • 偶爾會有強烈死念，但轉瞬即逝<br>• 沒有或輕微的死慾 | • 頻密、強烈、持久並難以消除的死念<br>• 對死亡感到模棱兩可 | • 極端和堅定不移的死念<br>• 肯定而強烈的死慾 |
| 自殺計劃<br>(例如：緊急程度) | • 沒有迫切的自殺計劃<br>• 沒有死亡危機 | • 迫切但不確實的計劃(例如：不久的將來，但沒有確切時間)<br>• 間接的死亡危機 | • 迫切而具體的計劃(例如：已有時間和地點)<br>• 明確的死亡危機 |
| 自殺方式<br>(例如：可行性、嚴重性) | • 自殺方法不實際，無法達成或未經全面考慮 | • 自殺方法可行，但有機會獲救(例如：服食化學藥品、服藥過量) | • 自殺方法很容易達成，並且大多數是致命的，幾乎沒有機會獲救(例如：跳樓、上吊) |
| 情緒／精神狀態 | • 不快樂，容易被觸動<br>• 輕微的精神困擾 | • 情緒波動，缺乏情感表達<br>• 中度精神困擾 | • 情緒麻木或容易激動(例如：緊張、煩躁、生氣)<br>• 嚴重或無法忍受的精神困擾(例如：強烈感覺被拒絕和社交孤立) |
| 家庭／社交支援 | • 足夠或合理的家庭／社交支援 | • 較少或薄弱的家庭／社交支援<br>• 與重要的家人或人士發生中度衝突 | • 嚴重缺乏家庭／社交支援(例如：社交孤立)<br>• 與重要的家人或人士發生激烈衝突 |
| 曾企圖自殺(及自我傷害) | • 沒有企圖自殺經驗 | • 曾有一次企圖自殺經驗 | • 曾有多次企圖自殺經驗 |
| 生存的動力 | • 希望情況會有所好轉<br>• 對未來有具體計劃 | • 負面和黯淡的前景<br>• 對未來感到不明朗和黯淡 | • 絕望和無助感<br>• 對未來沒有計劃，認為活著並無意義 |
| 其他風險因素 | • 確診精神疾病<br>• 自殺家族史<br>• 有自殺傾向的朋友／熟人<br>• 最近經歷失喪事件<br>• 強烈及持續的哀傷<br>• 濫藥問題<br>• 持續的關係問題<br>• 最近被法庭起訴(例如：參與犯罪)<br>• 對尋求協助持負面態度<br>• 身邊重要的人輕視了個案的自殺傾向<br>• 有暴力或謀殺想法<br>• 慣性的衝動行為模式<br>• 認知功能退化(例如：重性精神病) | | |

## 2.3 不同自殺風險級別的介入方法

### 2.3.1 按自殺風險級別提供不同程度的支援

**你可以使用的工具：**

▶ 工具 2.1：安全計劃
▶ 工具 2.2：自殺風險評估表
▶ 工具 2.3：風險管理圖
▶ 工具 2.4：個案住院檢查清單

**低至輕微**
- 針對潛在問題的心理治療
- 增強應對能力
- 識別個人資源和優勢
- 持續評估和監察

**中度**
- 穩定性
- 安全計劃
- 考慮住院
- 減少接觸自殺工具的機會
- 增強解決問題的技巧
- 持續評估和監察
- 家庭參與
- 適時轉介

**嚴重至非常嚴重**
- 穩定性
- 陪伴
- 遠離自殺工具
- 確保安全 (緊急情況致電 999)
- 適時轉介
- 家庭參與
- 住院
- 24 小時緊急和危機介入服務
- 個人支援 (針對處理即時問題)
- 藥物治療
- 多元化的支援和治療

### 2.3.2 自願和非自願住院治療

**你可以使用的工具：**

▶ 工具2.4：個案住院檢查清單

**何時要考慮住院？**

當有自殺傾向的個案出現以下情況時，必須考慮住院的迫切性（Centre for Applied Research in Mental Health & Addiction, 2007）：

**（A）整體／一般情況**

- 高/非常嚴重的自殺風險

- 高/不確定的風險因素與保護因素比率

- 衝動（即導致風險級別的急劇變化）

- 有嚴重的潛在精神病問題而需要迫切治療（例如：思覺失調或重度抑鬱）

**（B）特殊情況**

- 患有無法忍受的精神病，缺乏社交支援，並有企圖自殺的危機

- 對自己或他人構成危機威脅

- 正接受精神科藥物治療並需要持續監察，且有嚴重濫用藥物歷史

- 患有嚴重抑鬱或焦慮，而一般門診治療不起作用

- 在應對重大危機時，無可避免地傷害自己，及環境不安全（即自殺的可能性超越了住院的弊端）

**何時考慮非自願入院？**

根據《精神健康條例》第136章非自願入院：

- 通常在個案同意的情況下安排住院

- 如果個案（i）展示嚴重危害其生命或他人生命的想法或行為，並且（ii）考慮到以下因素而無法輕易取得個案的同意，則應考慮非自願入院：

- 在當前環境下無法確保個案的安全

- 懷疑或已經知道該個案患有精神疾病，因而嚴重地削弱他/她對周圍環境作出適當應對或與他人互動的能力

**入院前後家人和其他各方的參與**（Centre for Applied Research in Mental Health & Addiction, 2007）

- 只要家人同意，就應該鼓勵他們參與決策過程。一些關於風險管理和治療後反應的心理健康教育，將有助提升家人的參與度

- 在危機處理上，盡可能與警察或社康護理服務保持緊密合作

### 2.3.3 運用扼要的問題解決方法來處理自殺念頭

自殺念頭是各種潛在問題的表徵。這些問題涉及自殺者的情緒狀態，和面對當前逆境的看法及態度。為了處理這些潛在問題，助人專業人士必須付出更多的努力，與有自殺風險的個案建立安全感和信任，還要避免與自殺念頭直接對峙，例如，警告宗教教規不允許他終結生命，這類反應或勸說可能會阻礙個案進一步分享自殺念頭背後的心路歷程，或當中可能出現的複雜情緒，如孤獨和內疚感。因此，在面談過程中，必須多了解個案的主觀看法和感受，並處理當中的困擾。助人專業人士可參照以下所列關於自殺念頭的十種共通性，從中採用適合的方案去處理相關的自殺風險（Monk et al., 2007; Shneidman, 1996）：

| | 自殺念頭的共通性 | 對應方案 |
|---|---|---|
| 1 | 自殺的目的是渴望解決問題 | • 深入了解他/她認為自殺是唯一解決方法的原因<br>• 與他/她共同找出一些替代方案 |
| 2 | 自殺的目的是要終止自己的意識 | • 提升他/她對自殺含義的認知<br>• 協助他/她衡量自殺以外的選擇，這有助他/她掌握和達到預期的結果 |
| 3 | 自殺的原因是難以忍受的心理困擾 | • 認同他/她的痛苦<br>• 協助他/她檢視他們認為有助減輕其痛苦的所有方法，例如：飲酒<br>• 加強他/她對「微小的變化就能帶來顯著不同」的理解 |
| 4 | 自殺的根源是無法滿足其心理需要 | • 深入了解他/她的真正需要<br>• 將焦點從當前的狀態轉移到以未來目標為導向（例如：利用「奇蹟問句」） |
| 5 | 與自殺共同出現的無助和絕望 | • 找到替代這種情緒的方法<br>• 探討他/她減低自殺行為的能力<br>• 使用推斷性語言去表達積極、有能力和希望的信念 |

| 6 | 自殺是猶豫不決的 | • 確立並鼓勵他/她的生存意願，同時認同他們正承受的痛苦<br><br>• 確立他/她想繼續活下去的動機（例如：重要的他人） |
|---|---|---|
| 7 | 狹窄的思維模式 | • 把個人的思考模式從失敗和災難轉移到成功、能力和資源運用上 |
| 8 | 與自殺有關的社會行為是透露自殺念頭的一種方式 | • 這種方式並不經常發生，有時會以旁人無法理解的方式來表露自己自殺的意圖<br><br>• 詢問他/她的自殺意圖，同時記住他/她是健康但有精神病徵兆和自殺計劃的人 |
| 9 | 自殺的反應是逃避問題 | • 認同渴望擺脫困境的動機，並共同尋找比自殺更可取的選擇和目標<br><br>• 與他/她一起訂立介入目標 |
| 10 | 自殺是一種長期性的逃避行為 | • 尋找實質的證據去證明他/她是有能力應對的（即使在危機情況下）<br><br>• 假定他/她可以在個人能力上加以發展（即使在痛苦、恐懼和冷漠之中） |

### 2.3.4 記錄、評估和定期監察自殺風險

由於自殺風險是波動的,助人專業人士應定期監察、評估和記錄個案過去和目前的整體狀況。具體地說,助人專業人士除了要記下嚴重事故(例如:近期重大的個人損失)和緩解因素(例如:限制接觸自殺工具)之外,還需要探討其他持續性的風險(例如:於早前表達的自殺想法和計劃),以及對個案採取相應的措施,直至個案不再表現明顯的自殺風險為止。

在出院後的數個月,個案通常會面臨更大的自殺風險。研究指出,曾企圖自殺的人的自殺風險比普通人高100倍(Chung et al., 2017)。鑑於醫療、心理和社區健康系統之間的緊密聯繫,助人專業人士應制定措施,以便當個案接觸任何相關服務時(例如:當他們使用醫院服務時),能更有效地識別有潛在自殺風險的人士,並及早提供相關的介入服務。

助人專業人士應充分利用社區內的防止自殺資源,以有效維持個案的精神健康並管理其自殺風險(例如:香港撒瑪利亞防止自殺會、精神健康綜合社區中心、社區護理服務、危機熱線)。很多機構已經提供24小時自殺介入措施,並為遭受嚴重心理健康問題人士提供即時支援。

除了處理個案的即時自殺風險外,助人專業人士還需要制定並提供適切的應對措施,從而長遠地解決個案的困擾根源,包括全面評估個案的各種風險和保護因素,以及它們之間的相互影響,舉例來說:因身體或精神健康問題而入院人士,可能同時面對著重大的人際關係問題,所以集中處理家庭環境中的壓力和提升相關的應對能力,會更有效減輕個案的自殺風險。

臨床注意事項

請參考案例，李女士：

你的上司和你同意立即與李女士見面作進一步評估。在一次家訪中，李女士出現情緒低落和輕度的健康問題。她解釋說，她知道自己的朋友快要離世，所以感到情緒低落，沒有動力進行日常的活動。朋友快將離世的消息纏繞著她的思想。李女士分享說，最近一週，她曾經想過當朋友離世後便服食大量藥物來結束自己的生命。現時，她確定自己沒有打算自殺。鑑於沒有其他生理上的原因，李女士認同和明白她有可能患上抑鬱症。當你強調自己擔心她的生命安全時，她同意接受進一步的評估及個人支援服務。

為李女士作進一步評估時需留意的重要事項：

- 儘管李女士現時沒有自殺企圖，詳細的自殺風險評估仍然重要。對於正承受精神健康或情緒困擾的人士而言，這一點尤其重要。

- 當關係建立後，助人專業人士應嘗試了解李女士自殺背後的意義。長者自殺的一些常見原因包括減輕家庭負擔、身體痛苦、哀傷，和/或取回自主權。談論個人認為自殺的意義，可以幫助助人專業人士更好地理解自殺背後的心理痛苦，然後解決其根本原因。根據李女士的情況，應先處理她的抑鬱情緒和面對好友將要離世的事實。

- 不要在沒有安全計劃的情況下離開個案。即使一張帶有鼓勵信息的提示卡，也可以挽救一條生命；此外，可以考慮正式和非正式的社會支援（例如：家人、朋友或鄰居）。

- 培訓個案解決問題的能力，可幫助降低自殺風險。對於助人專業人士來說，如何支援李女士與朋友重建良好的溝通模式才是重要的。

- 對精神健康狀況的評估（包括抑鬱症的性質和嚴重程度，自殺傾向，日常生活的變化和根本原因）應記錄在案。

- 對於處理高風險病例，助人專業人士需要建立團隊合作。

## 2.4 **跨界別協作**（例如：家庭、醫療部門、專業團隊）

### 2.4.1 家庭參與

**你可使用的工具：**

▶ 工具1.5：自殺警號的心理健康教育樣本
▶ 工具2.5：有關家庭參與個案的基礎知識
▶ 工具2.6：專業人士協助個案家庭預防自殺的清單

對於個案的自殺念頭和／或行為，家人通常會作出以下反應（Centre for Applied Research in Mental Health & Addiction, 2007）：

- 感到震驚和難以置信

- 感到痛苦和挫敗

- 覺得他們「心目中的理想世界」已被破壞，尤其是個案的自殺乃反映家中問題的一個強烈警號

  ▶ 與治療其他創傷一樣，助人專業人士需要給予家人充足時間、相關資料和同理心，以應對他們的反應

- 感到無助，即使個案有慣性的自殺念頭

- 感到內疚或沒有盡好責任，尤其是家人為個案的主要照顧者

- 感覺受到個案或其他持份者（例如：親戚、朋友，甚至助人專業人士）的責備

- 對個案自殺這種「自私」行為表示不滿和憤怒

  ▶ 這或源於對預期的失喪所積累的哀傷，或對個案最終會因自殺死亡的擔憂。以往曾有哀傷和喪親相關家族史的，亦可能加劇這些情緒。

- 擔心收入或個人聲譽受損和污名化（例如：「我們的親戚將如何看待我們呢？」）

- 認為個案一直是家庭中的「問題」，不斷地製造麻煩，並浪費了家人的時間和資源

- 表現出冷漠、疲勞和無助，尤其是個案已有相對持久的自殺歷史

- 出現同理心疲乏，尤其是相關機構或其他部門支援不足，情況會更加嚴重

臨床注意事項

儘管家人對個案自殺作出不同的情緒反應，助人專業人士需要抱著不批判的態度和同理心為家人提供心理支援，包括：提供與自殺相關、情緒病和藥物濫用等的心理健康教育，有需要時應提供適當的心理治療來增強家庭的整體功能。與有自殺傾向人士同住，家人必然承受很大的心理壓力，甚至感到心驚膽戰，不敢鬆懈。要妥善地應對這些情緒，助人專業人士可以與家人重新建立適合大家的相處方式，並探討解決衝突的方案。在這種高壓的環境下生活，家人很容易產生無力感，甚至有可能引起不同程度的精神健康問題，影響日常生活（例如：處理家庭、社交或工作上的事情）。

助人專業人士應努力接收可處理的家庭個案，以減低個案的自殺傾向，而與家人建立和維持緊密的連繫至關重要。家人不僅可以監察和匯報個案最近的行為和狀況，還可進一步確保個案遵守其既定的介入或安全措施（例如：執行降低自殺風險的特定措施）。

文獻認為，家庭支援可降低自殺傾向，減輕個案對家庭和社會的負擔。許多有高自殺風險的長者正承受重大的社會疏離感，因為在現實生活中很少有人支援他們，相反地，他們對接受支援有負面或扭曲的看法（例如：受到情緒障礙或其他心理問題的負面影響）。此外，由於應對其他挑戰（例如：身體疾病、經濟壓力和藥物濫用），個案可能會進一步增加疏離感。助人專業人士為抑鬱症患者提供家庭幫助時，可能會感到很棘手，因為家人無法隨時提供長者需要的愛心和關懷，甚至因個案及其問題而感到沮喪。

## 2.4.2 團隊支援和其他服務

為了確保病人護理達到最理想的標準和保持最佳的臨床做法，助人專業人士應就自殺預防的相關事項與同工和上級商討（例如：常規及正式的臨床督導），以及定期檢討臨床決定和個案管理工作。員工間的緊密溝通，能有效減輕因處理有自殺風險個案而引起的壓力和無力感。以下一些問題有助助人專業人士在處理有自殺傾向個案時進行自我評估：

**跟進有自殺傾向個案時的反思性問題**（Centre for Applied Research in Mental Health & Addiction, 2007）：

與個案自殺風險性質相關的問題：

- 我將如何增強他/她的安全性？

- 他/她需要住院嗎？

- 對個案來說，自殺背後的目的或作用是甚麼？

- 他/她有哪些其他方法可以實現此目的或作用？

- 能否覺察他/她的自殺傾向模式？如能夠，怎樣打破這種模式（例如：加強監管、教導一些新技巧）？

- 個案認為甚麼新技巧能有助控制自己的自殺行為、思想和情緒？（例如：「在情緒高漲時幫助自己緩和下來的能力」、「學習如何享受休閒活動或外出的時間」）

與處理方式和治療相關的問題：

- 我現在可以給誰打電話或通知誰？

- 對個案來說，甚麼是對他/她最好的呢？如果他/她認為只有自殺方可解決他/她的問題，我該怎麼做才能減低他/她的自殺風險？換句話說，我該如何幫助個案用自殺以外的方法來達到他/她的需要？

- 哪些措施可以有效減輕個案的困擾？我可以如何推動這些措施？我能夠直接或間接採取某些措施嗎？

與團隊支援相關的問題：

- 誰能夠和我一起討論此個案？

- 誰可以加入成為該個案的專業團隊？

- 個案認為有其他人可以幫助他/她嗎？

- 除我以外，該個案還有哪些其他支援？我該怎麼做才能促使和推動這些支援？

結束個案後的自我反思問題：

- 我是否會做出相同的決定？我應該考慮或採用哪些替代/附加選項？

- 我是否已全面考慮了個案的資源、態度和弱點？

- 個案如何能夠在社區中獲得支援？

- 團隊如何實踐以實證為本的宗旨？

- 個案活下去的原因是甚麼？

# 第三章　自殺事後介入

# 自殺事後介入

## 3.1 甚麼是自殺事後介入及其重要性？

「事後介入」（Postvention）是指自殺事件發生後的介入工作，透過及時、合適的協調和支援，為自殺者遺屬（suicide survivor）提供善後跟進，避免自殺風險在社區蔓延。

### 事後介入的目標

事後介入的目的，是減少自殺者遺屬因自殺事件而承受困擾，並為社區提供有關預防自殺的教育，包括自殺危機的警號及應對方法，避免自殺事件再次發生。因此，事後介入涵蓋自殺預防、及早介入和治療等工作。

### 關於自殺者遺屬的注意事項（摘錄自 SANE Australia, 2016）

- 經歷親人自殺身亡的人，有較高的自殺風險
- 經歷親人自殺身亡並患有精神病的家人和朋友，需要更多的關懷及支援
- 經歷親人自殺身亡的家人和朋友，可能會經歷長期且複雜的哀傷反應

### 事後介入旨在協助家庭和社區達到以下目標

- 為受自殺影響人士（尤其是自殺者遺屬）和整個社區提供支援以助其復元
- 向高危人士提供支援，並減少自殺風險在社區蔓延
- 協助個人和機構作出適時的應對措施
- 透過大型活動提升社區人士對預防自殺的意識

本章首先討論如何支援經歷親人自殺身亡的人之策略和臨床介入手法。有關社區層面的應對和長遠計劃，請參閱第 3.3.3 節。

## 3.2 支援自殺者遺屬：事後介入的對象

自殺事件不僅對自殺者的家人和朋友造成極大創傷，還可能引發社區連串的嚴重影響（見圖3.1）。對於社交活動頻繁的社區，自殺事件所造成的傷害更為嚴重。一般而言，我們需要對那些與自殺者關係最密切的人給予更多支援，但要注意的是，每個人對自殺事件的哀傷反應或有所不同。因此，事後介入的工作需要定期評估、檢討和調整。

當考慮事後介入時，可按受影響群體的獨特需要而制定不同的介入方法。受影響群體包括自殺者遺屬、親友、鄰居、個案及一般社區人士（見圖3.1），了解他們受自殺事件影響的程度和其本身發展需要（例如：失去父母的青少年、失去成年子女的長者），有助制定有效的介入方法。當中須留意的是，自殺事件亦會為有份支援自殺者的前線人士帶來巨大衝擊，所以此手冊第四章詳細描述了對助人專業人士（例如：社會工作者、輔導員等）的支援。

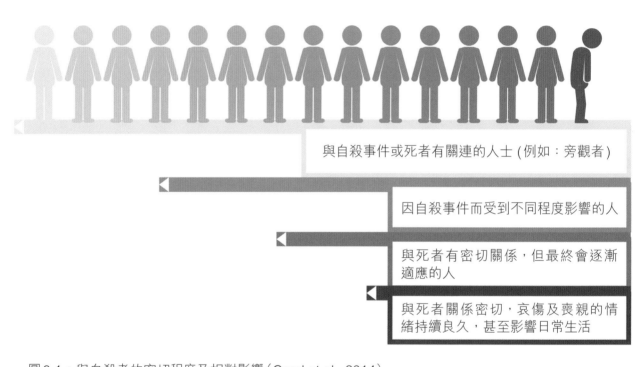

圖3.1：與自殺者的密切程度及相對影響（Cerel et al., 2014）

以下內容幫助你決定在自殺個案出現後，你的社區/中心需要採取何種級別的介入（見圖3.2）（Irish Childhood Bereavement Network, 2017）。

## 第1級：普遍性預防策略

建議中心提供心理健康教育的單張或小冊子，並派發予社區中受自殺事件困擾的人。

## 第2級：社區和小組層面

可以在社區定期開辦哀傷支援小組，幫助喪親的長者處理哀傷，不論其去世的親人是因為自殺或其他原因（例如：疾病）而死亡。如社區中有重要成員自殺身亡，適當時可組織悼念活動。

## 第3級：個人心理輔導或哀傷小組

個別人士因區內自殺事件而持續受到困擾時，需為他們提供個人心理輔導或安排參與哀傷治療小組。如出現抑鬱徵狀，不論其與死者的關係，應考慮提供個人心理輔導及進行自殺風險評估。

## 第4級：深入的心理治療

如個別人士出現更嚴重的徵狀（請參考第3.2.3節），影響其日常生活，則建議由精神健康服務機構/合資格的助人專業人士提供更深入的心理治療和頻繁的情緒支援。另外亦要為當事人進行自殺風險評估，並考慮轉介至精神專科醫護人員跟進。

| | |
|---|---|
| **第4級** | 出現嚴重哀傷困擾人士：可由精神科醫生、臨床心理學家或合資格的輔導員為他們提供個人治療和/或心理輔導。 |
| **第3級** | 出現較嚴重哀傷困擾人士：可由合資格的輔導員提供個人心理輔導，或建議他們參加由專業人士帶領的哀傷小組 |
| **第2級** | 出現一般哀傷反應的人士：建議參與自助或同路人互助小組。如合適，可考慮安排團體悼念活動。 |
| **第1級** | 所有受自殺事件影響的人士：可獲得有關自殺的哀傷資訊小冊子，以及相關求助渠道的資訊。 |

圖3.2

## 3.2.1 哀傷心理健康教育

哀傷是由於喪親而產生的情緒反應。失去重要的人會引起不同程度的哀傷和情感上的痛苦。自殺所帶來的悲痛普遍具創傷性，並可能因為以下原因而使哀傷的過程變得更為複雜：

- 對於有宗教信仰的人來說，自殺或會違背其宗教信念，內心易生矛盾。

- 與自殺相關的污名，有些人可能將自殺者標籤為「弱者」、「自私」、「膽怯」或「瘋狂」。

- 警察和相關部門需要參與死因調查。

- 縱然死因是自殺，自殺背後的原因或動機可能仍然是個謎。

- 無論自殺者有否留下遺書，自殺者遺屬仍然有許多疑問。

人們對喪親的反應各有不同。下表概述了因自殺事件而可能出現的常見反應。一般來說，哀傷過程共分三個階段。請謹記，每個人的哀傷反應都有所不同，所以不應有例如「誰人應該有……（某種）感受」的預設想法。

### 哀傷的過程

| 正常的哀傷階段 | 可能的反應 | 背後的原因 | 為自殺者遺屬提供的支援 |
|---|---|---|---|
| 適應與調整 | 震驚、麻木、拒絕承認、功能下降、混亂、記憶力減退、無法集中注意力 | 排山倒海式的情緒，重複反思自殺事件，質疑「為甚麼」，但得不到任何理由去解釋 | 尋找積極的應對技能，例如：運動，健康飲食，寫日記，園藝，自然漫步 |
| 陷入情緒主導和信念瓦解 | 哀傷、內疚、自責、憤怒、焦慮、羞恥、孤單感、無助和渴望 | 難以接受失去親人的事實，將自己當作受害者，認為自己應該能夠拯救對方；將責任歸因於一件事件或一個人來解釋自殺死亡背後的原因；將自殺死亡視為被遺棄/拒絕的一種形式；受自殺相關的污名影響，對將來的不確定和改變感到擔心 | 提醒哀傷者返回現實，讓他們明白導致自殺的原因不能歸咎於一件事件；重構個人價值觀和信念；接納和放手；探索自殺的信念和污名化所導致的羞恥感；提供任何實際需要 |
| 重新出發和建立新生活 | 接受、寬慰 | 接受死亡的事實，理解死者可能長期在疾病或行為的折磨中掙扎求存，準備好重新出發 | 幫助復原和重建生活，重新接觸周遭的環境，鼓勵開展新的社交網絡，鞏固有關新生活方式的改變/決定 |

參考資料：Temes (1992)。

## 哀傷的情緒反應

| 情緒反應 | 背後原因 | 如何提供支援 |
|---|---|---|
| 悲傷 | • 面對喪失和分離的正常反應 | • 接納悲傷的感受，容許情感表達<br>• 不要企圖即時讓他們振奮起來 |
| 對死者、他人或神明感到憤怒 | • 憤怒通常是表面的感受，而導致憤怒的原因可能是罪疚感、責備、認為事情是可避免的，以及感到被拋棄<br>• 由於自殺身亡的個案，「兇手」和死者都是同一個人，這可能為自殺者遺屬帶來非常矛盾和令人困惑的情緒，而這些感受一般較難釋懷 | • 容許自殺者遺屬感受憤怒<br>• 不要批判這份憤怒的感受<br>• 為這份憤怒的感受命名，並提出問題以找出解答的對象 |
| 焦慮、擔心自己和他人 | • 害怕孤獨<br>• 擔憂經濟困難<br>• 恐懼不確定性和即將發生的變化 | • 承認並接納焦慮感<br>• 處理實際的憂慮 |
| 如釋重負 | • 死者從長期疾病/行為煎熬中釋放出來 | • 接納這種感受，並留意可能出現的罪疚感 |
| 麻木 | • 有些人會以這種方式（通常不自覺地）回應，使自己從痛苦中抽離出來 | • 接納這種感覺並了解它背後所隱藏的東西 |
| 震驚 | • 情緒嚴重地受自殺事件影響，類似其他創傷事件，例如：自然災害或意外死亡 | • 接納這種震驚，並容許情感表達<br>• 詢問他/她如何得知這次自殺事件 |
| 內疚與責備 | • 自殺者遺屬常常認為他們「應該」能夠挽救自己所愛的人的生命。自殺事件後，他們經常會反覆思考自己當時可以做些甚麼以避免事件發生<br>• 有些遺屬可能認為是自殺之前發生的某件事件觸發或導致自殺（例如：「我們吵架了」，「我留下她一人」）<br>• 以個別事件、情況或個人責任解釋自殺死亡是很常見的。這可能是由於自殺者遺屬需要理解看似不能理解的事情 | • 接納這種內疚感受<br>• 重要的是讓遺屬明白自殺不能歸因於個別事件。自殺的原因通常很複雜，涉及多個相互關聯的因素<br>• 不要説「不應該感到內疚」，可嘗試説「明白真的很難理解他/她為何要選擇自殺，但你要知道你並不須為這件事負責」 |

| | 背後原因 | 如何提供支援 |
|---|---|---|
| 羞恥 | <ul><li>羞恥感可能源於內疚和自責</li><li>羞恥感與自殺的污名相關</li></ul> | <ul><li>接納這種羞恥感</li><li>認識自殺和污名所引起的羞恥感</li></ul> |
| 被遺棄和被拒絕 | <ul><li>自殺被視作強烈被遺棄/被拒絕的感覺；從自殺者遺屬的角度來看，死者選擇了死亡而不是繼續與他們維持關係。他們也可能覺得死者拒絕了遺屬所提供的幫助</li></ul> | <ul><li>承認並接納這種被拒絕的感受</li><li>認識可能出現的孤立感和孤獨感</li></ul> |
| 困惑和懷疑 | <ul><li>對所愛的人自殺的原因感到困惑，是許多自殺者遺屬曾經歷的普遍經驗</li><li>無法得到解答會帶來沉重的負擔</li></ul> | <ul><li>接納這種感受，明白遺屬在尋找自殺原因的過程能有助他們克服這些感受，儘管很多時都不會找到答案</li></ul> |

## 哀傷的其他反應（Worden, 1991）

### 認知反應

- 失去專注力和不能集中精神
- 與想法及回憶糾纏
- 質問自己或他人做了或沒有做的事情
- 糾纏於追究自殺死亡的原因
  - ▶ 不少自殺者遺屬都認為自己要對自殺事件作出深入調查——重複思考親人為何、何時、如何和在甚麼地方自殺
  - ▶ 普遍對自殺者遺屬來說，想尋找答案是一個既困難又必然的過程

### 行為反應

- 睡眠質素差，食慾不振
- 心不在焉
- 逃避社交活動
- 夢見死者
- 避免提及死者
- 哭泣
- 躁動和過度活躍
- 前往死者生前曾經到過的地方/帶著死者的物品

臨床注意事項

哀傷是一個自然的過程，讓我們接受已失去重要的人這事實。哀傷沒有一個固定的時間表，在大部分情況下，它會隨著時間流逝而逐漸減退。但也有些時候，哀傷過程會變得複雜，例如：失去親友的痛苦持續不斷，且已影響日常生活（請參閱第3.2.3節），這時應考慮接受哀傷治療。

## 關於哀傷過程的理論

助人專業人士對哀傷過程有充分的理解是很重要的，這樣我們才能為自殺者遺屬提供支援。在此手冊，我們總結了以下一些常見的哀傷理論：

**哀傷的五個階段**（Five Stages of Grief）（Kübler-Ross, Wessler, & Avioli, 1972）

- 庫伯勒-羅斯（Kübler-Ross）模型假設個人面臨重大喪失（例如：親人自殺），將經歷五個階段的哀傷，通常涉及（i）拒絕承認，（ii）憤怒，（iii）討價還價，（iv）抑鬱，和（v）接受

- 值得注意的是，哀傷永遠是一種極度個人化和獨特的經歷，而哀傷的五個階段將不會完整地發生或以任何可預測的次序發生

- 助人專業人士必須避免對個案如何經歷哀傷有定見或期望，反而應繼續為他們提供所需支援，幫助他們適應

**哀傷任務**（Tasks of Mourning）（Worden, 1991）

- Worden提出自殺者遺屬在重新建立平衡之前需要完成的四個任務，包括（i）接受已失去親人的事實，（ii）經歷並處理哀傷苦痛，（iii）適應失去死者的生活／環境，（iv）在開始新生活的同時，保留與死者聯繫

- 這些任務的重要性在於繼續過著正常生活的同時，能夠與死者保持恰當與長久的聯繫；每個人哀傷的過程都不一樣，也會隨著時間而波動，並沒有指定的公式

**雙重處理理論**（Dual Process Model）（Stroebe & Schut, 2010）

- 根據Stroebe and Schutt的雙重處理理論，哀傷的人通常會混合以下兩種方式來應對喪親：（i）哀傷主導（處於哀傷情緒狀態）和（ii）復原主導（處於應付日常生活狀態）；當哀傷的人能夠面對喪親及其帶來的影響（例如：有關自殺引起的思想或情緒），並再次投入失去親人後的日常生活時，他們最終能夠有效地應對並繼續日常生活

- 總結來說，所有人在哀傷過程中會持續經歷負面和感壓力的生活事件，因此他們必須意識到這點和盡量保持良好心態，以應對此類事件並恢復穩定的生活

**依附理論**（Attachment Theory）（Bowlby, 1969）

- 根據依附理論，從哀傷的人與死者的依附關係，可大概預測喪親後的痛苦程度，例如不健康的依附關係可能出現更複雜的哀傷反應。

## 3.2.2 你可以如何協助

基於不同的哀傷理論，以下是助人專業人士可協助自殺者遺屬的一些建議。

### 3.2.2.1 實際支援

**你可使用的工具**

▶ 工具 3.1：與自殺者的密切程度及相對影響
▶ 工具 3.3：社會工作者適用的指引——如何支援喪親者（自殺者遺屬）

自殺者遺屬需要處理與哀傷相關的不同事項，以及處理死亡後的安排。死亡後的實際事務包括處理死者的個人物品、通知家人和朋友、安排喪葬、處理與當局調查（例如：警察）有關的細節和管理財務費用等（SANE Australia, 2016）。如果自殺者遺下孩子，我們也可能需要支援兒童和青少年的需要。

### 初步聯繫

- 在警察介入下，應在48小時內聯繫有關親人（經同意）

- 由受訓工作人員進行初步聯繫

### 在第一次聯繫中，工作人員應要考慮以下事項：

- 介紹服務，表示慰問

- 檢視誰還有可能受到影響

- 解決實際問題或疑慮，評估是否有任何風險因素（如果有，請採取相應措施）

- 在7–14天內安排面談

- 提供支援服務的相關資訊

### 提供支援的方法

- 電話表示慰問與支持

- 與家人面談

- 在接下來的幾個月中以電話或面談跟進

- 分享社區資源

 **臨床注意事項**

在事情發生之後，遺屬可能會感到震驚或拒絕承認事實，他們通常會專注於處理葬禮的細節，通知親友，並忙於適應沒有死者的生活。或許，他們暫時還沒有準備好接受他人的支援。儘管如此，助人專業人員應該繼續與遺屬保持聯繫，並派發印有心理健康教育和求助方法等資訊的單張。

（SANE Australia, 2016）

## 3.2.2.2 個人面談

為自殺者遺屬提供個人面談服務,可能會使助人專業人士情緒疲憊。請確保你的團隊已有適當的自助措施,以保障自己的精神健康(請參見第四章)。與自殺者遺屬進行單獨面談的目的,是協助他們經歷哀傷過程。以下建議是建基於上一章所概述的哀傷理論。

**你可使用的工具**

▶ 工具3.1:與自殺者的密切程度及相對影響(Worden, 1991)

### a. 接受現實和承認喪親

- 接受死亡:口頭承認和安排儀式

- 與遺屬同行,面對「為甚麼」這問題,尋求答案

  ▶ 自殺會引發遺屬很多疑問,例如:「為甚麼他/她會結束自己的生命?」

  ▶ 讓遺屬知道自殺涉及多個複雜因素,而不是單一事件的結果

  ▶ 讓遺屬明白自殺者通常試圖結束難以忍受的心理痛苦,而這種痛苦可能是明顯的或隱藏的,且無法與人分享。痛苦的程度往往大於個人可以承受的能力,或他/她感覺無法尋求任何解決方法

  ▶ 請有心理準備,不是所有問題都有答案

### b. 經歷痛苦並適應喪親

- 與遺屬同行,並做一個具同理心的聆聽者

- 幫助遺屬覺察自己的感受,並尋找表達自己感受的方法。感受可以透過言語或非言語表達,例如繪畫、音樂、藝術等

- 鼓勵遺屬回顧親人死亡的過程,包括自殺事件的前後經過。這樣做的目的是幫助遺屬把他們的想法和回憶組成一個更加連貫的描述

- 與遺屬一起了解死者的性格、他們對死者的看法,分享與死者的關係或任何重要的回憶等

臨床注意事項

不要期望個案「應該」有某些特定的感受。作為助人專業人士,我們有時會避免觸及個案的痛苦經歷,和不知怎樣回應這些痛苦的感受。然而,即使談論死亡可能會很痛苦,但幫助個案表達對死者的感受,是過渡哀傷的必要過程。請謹記,我們的目的不是要個案忘記痛苦而重新振作,而是陪伴並讓他們知道我們會一起同行。

### c. 適應喪親的新環境

- 回憶往事

- 鼓勵以自己的方法與死者保持某種形式的「聯繫」或表達思念

- 改變環境中容易讓人憶起死者的地方

- 鼓勵助人專業人士與遺屬討論是否告知未知情的家人有關親人離世的消息

- 自殺者遺屬可決定是否分享死者真正死亡的原因。助人專業人士可以協助自殺者遺屬衡量每個選擇的利弊,分享真正死因的好處是幫助自殺者遺屬接受自殺的事實。請記住這是自殺者遺屬的決定,助人專業人士在過程中應從旁協助

### d. 重新投入新生活

- 學習新技能

- 將精神/精力重新放到生活中的其他部分

- 調整自我,發展新的生活方式,並擴闊對自我的認識

- 放開對舊事的依戀。有些自殺者遺屬可能不願意扔掉死者的遺物,或者不願意放棄以前的生活方式(例如:每天下午與死者吃點心的習慣)。助人專業人士可鼓勵遺屬與他討論維持這些習慣的利與弊。有些人會認為保留所有遺物是與死者保持情感聯繫的唯一方法,而這個討論可以探討出維持情感聯繫的其他方法(例如:僅保留死者喜歡的物品)

## 案例

- 一名75歲的男長者（陳伯）到地區長者中心尋求協助，因為他一直感到煩躁不安。上週他幾乎和鄰居吵起架來。社工（黃姑娘）被分配負責陳伯這個個案，並知悉陳伯的抑鬱量表結果顯示他有中度抑鬱。

- 經評估後，黃姑娘得知陳伯的妻子3個月前自殺身亡。自殺前，他的妻子是綜合家庭服務中心的活躍分子。當黃姑娘查詢有關陳伯的背景資料時，她得知陳伯的妻子生前遭受家庭暴力已有數年之久。陳伯和他的妻子結婚已有45年，並育有三個成年兒子。他們一家人的關係一直很穩定。直到十年前，陳伯退休後，夫婦之間便開始發生衝突，導致妻子遭受言語和身體上的虐待。

- 三個成年兒子與父母之間關係開始疏離。母親自殺前，他們偶爾會致電母親，但很少與父親說話。除了母親過世後的法律程序問題外，三個兒子都不會主動聯絡父親。從中心社工口中得知，兒子對父親虐待母親的行為感到非常憤慨。

- 黃姑娘嘗試為陳伯提供情感支援，但感到很困難，因為他沒有多談及自己的感受。陳伯表示他感到孤獨，覺得所有人都拋棄他，包括他的家人。

**臨床注意事項**

- 尋求幫助的意願：

  文獻指出男士一般不容易主動求助或表達情感。在中國人社會，這方面更為明顯。對於陳伯而言，他願意主動向地區長者中心求助，這意味著他非常需要幫助和支援。因此，多去認同他的感受將有助與個案（陳伯）建立良好的關係。

- 介入的時機：

  事件發生後的數個星期，遺屬通常忙於處理喪親的實際問題。因此，他們未必會在親人自殺後立即感受到情感上的影響。但必須注意的是，遺屬一般會在辦理葬禮和其他實際事務後開始感到巨大的痛苦。以陳伯的情況為例，他在葬禮後開始感到煩躁，這可能反映他內心的憤慨和痛苦，掩蓋了他對妻子自殺身亡所受的傷害和內疚感。

- 面對空置單位：

  部分遺屬會選擇在自殺事件後立即搬到朋友或家人住所暫住。事實上，許多遺屬發現最難受的是回到自己的住所。若自殺者是與遺屬同住，長者需要面對一間空蕩蕩的住所，因此，助人專業人士需要作出定期跟進服務。以陳伯的情況為例，一個人獨居或許是他最大的困擾。

- 情感表達：

  陳伯從來都不擅長表達自己，因此黃姑娘嘗試詢問一些有關夫妻之間難忘的往事，以便具體了解陳伯與亡妻之間的關係。透過這種方式，陳伯能夠分享以往的一些回憶，例如：結婚週年紀念日和生日之類，從而間接地處理部分的情感。黃姑娘記下了這些重要日子，並確保在這些日子來臨前打電話慰問他，以了解可能會出現的強烈情感。

- 關於死亡的信仰：

  探討遺屬對於死亡的觀念或文化信仰，可能有助進一步了解他們目前的情緒，例如：有些人可能會相信他們會與逝者在天堂重聚，儘管處境艱難，但仍然感到有希望。探討這些信念，有助遺屬表達他們的渴求，並找出讓他們感受到平安的事情（例如：為死者念誦，為死者祈禱）。

- 自身對自殺的看法：

  助人專業人士必須注意自己對自殺和個案的態度。黃姑娘對陳伯的憤怒和暴力行為感到不自在，所以在情感上會與陳伯保持一定的距離，這使輔導工作更具挑戰性。在了解陳伯的背景故事後，黃姑娘對從未學習過任何情緒管理技巧的陳伯重投更多的同理心。童年的陳伯曾遭受嚴重的虐待，所以他憤怒的背後其實充滿了痛苦、羞辱和內疚。

### 3.2.2.3 小組工作

根據受影響的程度，助人專業人士可考慮為社區中受自殺事件影響的人開辦互助小組。與其他小組不同，小組人數沒有嚴格的要求。只要有足夠的人數，而他們又有哀傷經歷，並願意分享自己的經驗和感受便可以了。

一般的哀傷支援小組對組員已有所幫助，例如臨終關懷服務提供的支援小組，但重要的是，要清楚了解他們提供的服務，以及他們在處理自殺方面的經驗（協辦小組 [WHO, 2008]）。

為了支援自殺者遺屬，助人專業人士應盡可能在小組內鼓勵或提供：

- 充滿關懷的團體氛圍，讓自殺者遺屬可以分享自殺引起的哀傷及其他感受

- 一個非判斷性和安全的環境，讓遺屬能夠自由表達因親友自殺身亡而產生的恐懼與擔憂

- 希望感和共鳴，相信最終能回復穩定的生活

- 協助渡過週年紀念日或特殊節日的經驗

- 幫助自殺者遺屬學習解決當前問題和重新掌控生活的新方法

- 有關哀傷的心理健康教育資訊

 **臨床注意事項**

自殺後的哀傷過程是複雜的，受影響的人常常會感到羞恥、慚愧和尷尬。這些都可能會影響他們的哀傷過程。對於長者來說，談論死亡可能已經是一種禁忌，特別是自殺身亡，這使他們更難表達自己的感受和處理哀傷。在舉辦小組之前，請務必考慮長者是否有心理準備談論他們的哀傷。

### 3.2.2.4 預備心理健康教育資料

心理健康教育資料和傳單應包含有關自殺和哀傷的處理。社區中心可以針對性地設計不同的單張，以滿足個別社區的需求。

以下是一些適用於以中文為母語人士的參考資料（Centre for Suicide Research and Prevention [CSRP], 2015）：

- 身後事和葬禮安排

- 法律程序和流程圖

- 幫助兒童渡過哀傷的技巧

- 自殺者遺屬的哀傷處理

有關最新的社區資源，請參閱工具5。

**你可使用的工具**

▶ 工具5：資源表

## 3.2.3 評估和監察複雜的哀傷反應

**你可使用的工具**

▶ 工具3.2：自殺影響的連續模型 —— 評估所需的介入水平
▶ 工具3.4：評估和監察複雜性哀傷

在3.2.1節中概述的哀傷理論，有助於我們理解甚麼是「正常」的哀傷過程。但是，有些人或許會出現複雜性哀傷症狀。因此，本節旨在提升助人專業人士對這些病徵及症狀的覺察，並在必要時轉介給心理健康專業人士。

較高風險出現複雜性哀傷的人士或處境：

- 與死者最親近的人

- 與死者有不健康的依附關係的人

- 精神病患者

- 目睹自殺者身亡的人

  ▶ 自殺者遺屬可能是第一個發現自殺事件的人（例如：發現死者躺在臥室中），這可能會引起強烈的情緒反應，類似於創傷性的反應

- 突然自殺死亡

研究人員討論哀傷與創傷之間的聯繫性。Regehr and Sussman（2004）將這兩個概念聯繫在一起，並以維恩圖（Venn diagram）說明創傷（trauma）、創傷性哀傷（traumatic grief）與一般哀傷（grief）之間的關係。他們發現三者之間有一定的共通性。助人專業人士要留心並細緻了解自殺者遺屬的徵狀（例如：糾纏於過去的影像、難以接受現實、空洞抽離、震驚、過度追憶往事、過度逃避、憤怒、對將來感無望、出現異常的生理反應等），評估他們所面對的是創傷、創傷性哀傷或是一般哀傷反應，以提供針對性的介入措施。

除了以上的徵狀外，《精神疾病診斷與統計手冊》（*Diagnostic and Statistical Manual of Mental Disorders, 5th Edition, DSM-5*）還建議以更具體的指標，識別持續複雜性哀傷（persistent complex bereavement disorder）的徵狀。請留意，這些徵狀必須在喪親後持續最少12個月，並且臨床上達到顯著程度：

- 對死者有持續強烈的留戀或渴望

- 強烈的哀傷和痛苦感受

- 除了與死者相關的事，不太會關注其他事情

- 糾纏於死者尋死的原因

- 對接受死亡的事實出現明顯困難

- 對親友離世感到難以置信或麻木

- 未能回顧與死者美好的回憶

- 哀傷過程中有很多痛苦或憤怒的情緒

- 對於親友離世過度自責

- 強烈迴避任何與死者有關的事物／地點

- 為了想與死者在一起而產生尋死的渴望

- 自親友去世後難以信任其他人

- 認為沒有死者的生活是沒有意義或空虛的，甚至無法正常生活

- 對人生意義感到困惑，或對自己的身份意識感到模糊

- 自親友離世後對任何事情都無法提起興趣或不願計劃未來

如果你的個案顯示出以上徵狀，請盡快向相關的專業人士尋求協助。

**臨床注意事項**

在等候轉介自殺者遺屬給心理健康專業人士的同時，你可以透以下方式提供支援：

* 非批判性的聆聽
* 讓他們探討自己的感受
* 開放性的對話
* 避免使用批判性的言語

# 3.3 何時需要執行以社區為本的介入措施？

自殺事後介入是公共健康的一個重要部分。自殺的影響不僅限於死者身邊最親近的人，反之，每一件自殺事件都可能造成廣泛的影響。根據 Berman 的研究，他指出每件自殺事件都可能影響約6至60人不等（Berman, 2011）。因此，機構甚或整個社區，尤其是社交活動頻繁或關係緊密的社區，都有機會成為「介入對象」。

## 3.3.1 有關擴大對社區支援的指標

對於甚麼時候應該採取以社區為本的事後介入措施，事實上是沒有一個硬性準則，但以下是一些最常見的狀況，可讓社區/中心自行決定相關的介入工作：

* 當自殺是一件公開事件（自殺事件發生在目擊者眾多的公共場所）
* 當社區或中心某個公眾人物或知名人物自殺或企圖自殺
* 當自殺或企圖自殺被媒體或社交媒體廣泛報導，引起社區重大的回響
* 當事件是兇殺及自殺案
* 在異常短時間內發生多於一宗自殺事件

## 3.3.2 以社區為本的介入措施（Survivors of Suicide Loss Task Force, 2015）

**你可使用的工具**

▶ 工具 3.5：制定以社區為本的自殺事後介入計劃指南

鑑於自殺事件會在社區中造成廣泛的影響，因此，以社區為本的應對措施應該包括以下目標：

1. **安排有效的事後介入，並與不同機構和持份者協作**

   - 可以先從成立一個緊急/聯絡小組開始，該小組負責處理媒體詢問、支援死因裁判官的調查、與警察部門聯絡、處理保密協議等資料和協調臨床介入工作。小組的目的是確保社區中有不同性質的服務支援有需要人士，例如預防、支援和臨床等服務

2. **就自殺對個人、機構和社區所造成的影響，提供精準而簡短的資訊**

   - 預先制訂自殺者遺屬服務和支援資料清單，以及編寫心理健康教育小冊子（請參閱3.2.2.4節），有需要時在社區派發。小冊子內應印有臨床工作人員的聯絡方法和電話號碼。這些心理健康教育材料可以分發給地區的政策制定者，或相關人士如區議員，有助他們向市民提供協助。

   - 社區性的應對措施包括舉辦公開會議或論壇，以及相關的教育或培訓，以提高公眾對精神健康的認知，並獲取尋求協助的方法。會議有助促進社區復元，並提供一個平台，讓公眾關注和討論預防自殺的工作。

3. **與傳媒保持聯絡，盡力確保媒體（包括社交媒體）報道有關自殺新聞的方式不會助長自殺風氣，及對遺屬增加不必要的壓力。**

   - 應確保所有精神健康及防止自殺的資訊，包含一些積極和以問題解決為導向的信息。發佈公共健康聲明或警報時，資料應強調與自殺有關的警號和列出危機求助資料。

   - 資訊應使用適當的語言，以消除大眾對自殺者的歧視及污名化。你還可以擔當監察新聞或社交媒體的角色，並在有需要時採取行動。

4. **提前準備事後介入支援服務。找出服務及訓練需求的缺失，並為前線專業人士提供有關喪親支援的培訓。**

   - 及早預防永遠是最佳的方法。在自殺事件發生前，應及早制定自殺後的介入工作。下一節會概述工作計劃的步驟。

## 3.3.3 設計有關事後介入計劃（National Suicide Prevention Alliance, 2016）

**你可使用的工具**

▶ 工具3.5：制定以社區為本的自殺事後介入計劃指南

**步驟1：蒐集社區的背景資料及了解其需求**

- 為了計劃和制定事後介入支援服務，建議可先從了解和收集以往（至少兩年）曾在社區中發生的自殺事件及死亡人數開始。

- 以下是一些需要考慮的問題：

| | | | | |
|---|---|---|---|---|
| • 你所屬的地區每年有多少人死於自殺？<br><br>• 在香港，你可以透過香港大學防止自殺研究中心查詢數據。 | • 這些自殺個案發生在社區的哪些地方？<br><br>• 有沒有特定的自殺地點？ | • 社區的自殺個案是甚麼年齡、性別和自殺方式？<br><br>• 與社區服務機構有甚麼聯繫？ | • 探討社區的自殺或自殘趨勢 | • 了解每件自殺事件發生後曾引起的狀況<br><br>• 有關自殺死亡的消息是如何在社區中傳播？<br><br>• 社區有否特別的安排或行動？<br><br>• 甚麼是有效的行動，出現哪些問題和關注點？<br><br>• 決定即時通報方式，例如：是否需要警察在現場提供支援和/或通知自殺個案的直系親屬？ |

**步驟2：讓社區持份者參與**

- 辨識社區持份者的身份，並讓他們積極參與事後介入的策劃和實踐工作

- 主要參與者可能包括：警察、驗屍官、區議員、房屋署、教育工作者、社會服務機構、宗教團體等。

- 召開跨機構和跨部門會議，討論事項包括：服務願景、需求服務的意識、服務對象、服務構思、對其他服務帶來的影響與挑戰、與現有服務之間的協作等。

- 如有需要，可考慮成立一個指導小組（用於實踐項目）、諮詢小組（用於諮詢意見）和持份者小組（服務使用者）。

## 步驟 3：建立良好社區支援服務的願景

- 在跨部門小組中，訂立自殺後支援服務的目的，並考慮設定以下目標：

| 降低遺屬自殺率 | 為自殺者遺屬去污名化 | 專業人士應了解每個自殺者遺屬的獨特需要，並提供協助 | 打擊自殺成風，避免形成自殺群組的風險 |
|---|---|---|---|

## 步驟 4：設立服務範圍

- 檢視現有危機應對計劃，然後作出適當的修改或調整，以便針對長者的需要，識別有效的方法，並探討是否需要強化服務或改善對現有服務的協調和支援

- 找出現有服務的不足之處，並探索是否有足夠的資源去解決這些問題

- 在落實服務之前，探討自殺者遺屬將如何獲得支援

- 可以參考其他社區經驗嗎？

- 以下是服務的潛在目標群體：

| | |
|---|---|
| <ul><li>成人</li><li>兒童和青少年</li><li>近親</li><li>親密家人</li><li>親密朋友</li><li>家人朋友</li><li>前同事</li></ul> | <ul><li>曾參與協助自殺者的助人專業人士（例如：社會工作者、活動工作員）</li><li>目擊或發現自殺事件的社區人士</li><li>與自殺死者關係密切的區外人士</li></ul> |

- 服務將提供甚麼？考慮以下幾點：

| | |
|---|---|
| <ul><li>提供心理健康資訊</li><li>服務應回應遺屬的需求</li><li>主動為受影響人士提供外展服務</li><li>由受訓義工提供個人支援服務</li><li>由合資格的輔導員/心理學家/社會工作者提供個人支援服務</li></ul> | <ul><li>自助小組</li><li>促進小組（開放小組或封閉小組）</li><li>提供即時支援服務</li><li>轉介高危人士予精神健康服務</li><li>籌辦悼念活動</li></ul> |

## 步驟5：籌劃服務並實踐計劃

確定服務範圍後，下一步就是列出服務計劃的實踐細節

- 實踐細節可參考上文第3.2節中有關對不同哀傷程度的介入方式
- 確保有支援員工的策略，並定期召開會議以跟進他們的身心狀況（例如：匯報、同伴支援、同伴監督）
- 培訓對於事後介入服務尤其重要，機構應為所有接觸自殺者遺屬的同工提供適當的培訓，同時需要提升其他同工對自殺風險的警覺性。

參考資料：National Suicide Prevention Alliance (n.d.)。

 **臨床注意事項——共享本地經驗**

自殺事件通常被視為禁忌，因此很少人在其居住的社區公開討論自殺事件。儘管如此，服務提供者和社區領導者應為居民制定不同的策略，接受悲劇對社區的影響，並為生活在逆境中或面對精神健康問題的人提供積極的應對方法，以防止更多的自殺事件發生。例如，社工可以通過以下方式聯絡當地的社區組織，以建立臨時的流動服務站來吸引居民：

- 提供積極的生命教育
- 在鄰居之間建立社區聯繫和互助文化
- 允許以任何創意形式（例如：心願樹）表達意見
- 提供簡單的篩查，以識別潛在的高危個案或精神健康問題
- 提供社區資源或必要的服務轉介

預防總是勝於介入。在悲劇發生之前，社工可以幫助當地組織建立社區支援，以識別有需要的長者。通過社區發展方法，招募和培訓有潛能的居民為義工（有時稱他們為「樓長」），並組成一支服務居民的支援小組。這些義工還可以為有需要的人和專業服務之間建立聯繫。

# 第四章　助人專業人士的
　　　　　自我照顧

# 助人專業人士的自我照顧

## 4.1. 定義

對於助人專業人士來說，出現「職業倦怠」（burnout）的狀況，絕對不是一件陌生的事。Stamm 和他的團隊利用「同理心滿意度和同理心疲乏模型」（Compassion Satisfaction and Compassion Fatigue Model），描述助人專業人士的職業生涯質素（professional quality of life）和倦怠等概念，如圖 4.1 所示，同理心滿意度（compassion satisfaction）和同理心疲乏（compassion fatigue）被視為影響職業生涯質素正向和負向的兩個因素。

### 同理心滿意度

同理心滿意度是指從助人專業行業中獲得的正面回饋，它可以是一種透過幫助他人從中獲得樂趣，或是透過關懷和為社會弱勢群體貢獻而得到的滿足感（Stamm, 2005）。

### 同理心疲乏

同理心疲乏是指由於持續地對個案提供照顧和關懷而讓施助者產生情緒上的疲乏。Figley（1995）將同理心疲乏定義為因承受和累積不同受助者的創傷經驗而產生的一種壓力狀態。在這個狀態下，助人專業人士會經歷次級創傷（secondary trauma），並因此而感到精神疲憊。然而同理心疲乏和職業倦怠有著密切的關係。同理心疲乏較多見於人際關係上，並被視為職業風險的一種，特別當受助者的康復過程中較難出現顯著的改善或康復時，情況尤其常見，例如護理癌症患者的人員較常有此徵狀。

## 次級創傷

次級創傷是指助人專業人士由於工作的關係，經常要暴露在受助者的創傷事件中，即使助人專業人士沒有親身經歷實質的危機（Stamm, 2005）。但次級創傷的成因可以是透過聆聽受助者講述其被虐待的故事，或是目擊暴力或自殺的故事等。遭遇原發性或次級創傷同樣有機會引起創傷後壓力症狀（例如：慢性緊張、易怒、失眠、焦慮）。

## 替代性創傷

Pearlman and Saakvitne（1995）提出替代性創傷（vicarious trauma）的概念，並嘗試了解創傷工作對助人專業人士的影響。他們指出助人專業人士源於工作關係，經常暴露在個案的創傷經歷中，長此下去便有機會影響助人專業人士的世界觀。有些可能會對個案的創傷變得越來越麻木，甚至對世界上的不公平或不公義感到極大的憤怒。

## 職業倦怠

職業倦怠是指由工作環境中自然產生和累積出來的壓力，並非只發生於助人專業人士身上（Stamm, 2005）。它是一種因無法滿足工作環境要求而導致的身心疲憊狀態。但是，職業倦怠並不一定意味著個人的世界觀會因此而受到影響。

在不同領域的學術文獻中，研究人員均認為上述的定義彼此有著密切的關係，並很難將這些概念完全區分出來，這無疑使研究變得更為困難。

## 抑鬱或同理心疲乏之間的混淆

與抑鬱不同，有些人可能把同理心疲乏視為職業風險的一種。在《精神疾病診斷與統計手冊》（DSM-5）中，抑鬱是精神健康疾病的一種。然而，醫護及助人專業人士在經歷同理心疲乏時，有可能會出現不同程度的抑鬱徵狀。如果壓力和疲乏問題未能隨著時間而得到紓緩，久而久之，同理心疲乏最終可能會發展成抑鬱、焦慮或其他類型的精神健康問題。

## 4.1.1 工作質量的重要性

很多研究都指出，職業倦怠有可能減低助人專業人士的工作質量（quality of work），包括與個案的治療關係（de Figueiredo, Yetwin, Sherer, Radzik, & Iverson, 2014; Hanson, 2015）。譬如說，在處理個案時，對於一些已感到職業倦怠的助人專業人士來說，或許會因此而影響個人的耐性、同理心，甚至感到不滿或出現逃避等情況。這些關於個案處理的不確定性和個人因素，都會大大增加助人專業人士的壓力。

同理心疲乏會對助人專業人士的工作和個人心理帶來負面影響，譬如陷入個案的創傷經歷或缺乏同理心，這往往使人變得更無助和受壓，有時候，甚至出現想逃避或離開這個助人專業的想法（de Figueiredo et al., 2014; Figley, 1995; Pérez-García et al., 2020; Turgoose & Maddox, 2017）。此外，替代性創傷同樣會增加助人專業人士陷入負面思維和影響心理質素的風險，例如失去覺察力，變得焦慮、懷疑或增加脆弱感（Culver, McKinney, & Paradise, 2011; Rasmussen, 2005）。

# 4.2 自我評估

**你可使用的工具**

▶ 工具 4.1：助人專業人士工作壓力指標清單
▶ 工具 4.2：自我評估表 —— 專業生活品質量表（Professional Quality of Life, ProQOL）

本章節描述了一些與職業倦怠和同理心疲乏相關的指標。譬如在助人專業方面，當助人專業人士出現職業倦怠和同理心疲乏時，可能會對個案產生敵意或厭倦，變得煩躁，甚至指責個案。有些可能會因此而退出與同事的社交活動，出現遲到或低工作效率等情況。此外，助人專業人士也會感到精疲力盡和內疚，並會因無法完成更多的工作而自責。若受原發性或次級創傷影響，助人專業人士也許會同時出現與個人或工作相關的創傷徵狀。因此，提升我們的覺察尤其重要，包括適當覺察個人行為、態度和工作上的改變，以避免出現同理心疲乏情況。與工作相關壓力（包括職業倦怠或同理心疲乏）的指標，請參閱工具 4.1。

助人專業人士的專業生活品質量表是一份已被廣泛使用的量表，它可歸納為三個主要範疇，包括同理心滿意度、職業倦怠和次級創傷壓力。量表具有良好的可信度（reliability）和有效度（validity）(Heritage, Rees & Hegney, 2018)。問卷的完整版本，請參閱工具 4.2。請注意，該量表僅供參考，不能作為一個診斷工具。

 **臨床注意事項**

你有否曾經出現過以下的情況？

- 我感到自己被工作困住了（例如：作為一位助人專業人士）。

- 我的工作使我感到滿意。

- 我認為我有可能被受助者的創傷壓力所影響。

有關同理心滿意度、職業倦怠和次級創傷壓力的詳情，請參考工具 4.2：自我評估表。

## 4.3 可以如何協助

**你可使用的工具**

▶ 工具 4.3：自我照顧和應對措施

應對同理心疲乏的策略，可以在三個層面上實施：個人、專業和機構上（第4.4節）。研究人員指出，以下策略能夠有效減輕同理心疲乏情況：

| 個人方面 | 專業方面 |
| --- | --- |
| 平衡工作與生活 ||
| 在家庭和工作中建立有力的社交支援 ||
| 良好的自我照顧 | 提升工作滿意度 |
| 增強自我意識 | 重新平衡自己的工作量 |
| 保持身體健康 | 妥善地處理次級和替代性創傷 |
| 與朋友保持聯絡 | 接受適當的指導和臨床監督 |
| 享受不同的活動 | 定期參加專業培訓 |

# 4.3.1 建立一套獨特且有效的個人化自我關懷工具手冊

## 處理同理心疲乏（Mathieu, 2007）

**以下是助人專業人士可以問自己的問題：**

- 對我來説，疲勞／職業倦怠的警號是甚麼？

- 對於以上的警號，由1到10（1分代表最低，10分代表最高），哪一個是9？哪一個是4？

- 安排每週定期檢視自己的狀態，這樣的檢視應安排在甚麼時候？

- 哪些事情是我可以控制的？

- 哪些事情是我無法控制的？

- 對於我，哪些是紓緩壓力的有效方法？（例如：洗澡、按摩）（請參閱以下自我照顧的部分）

- 對於我，哪些是減輕壓力的有效方法？

  ▶ 減輕壓力是指減少在日常生活中的壓力事件（例如：重新安排自己的工作量，限制自己的日常工作時間，避免加班）

- 哪些方法能有效提升我在面對壓力下的抗疫力（stress resilience strategies）？

  ▶ 抗疫力是人們可以培養和定期練習的方法，並能夠在工作中實踐（例如：冥想和呼吸練習）


## 重新獲得工作的滿意度（同理心滿意度）

**以下是一些需要反思的提示性問題：**

- 回顧過去，是甚麼讓我選擇成為社會工作者／輔導員／心理學家？

- 面對日常生活中的挑戰，甚麼東西讓我繼續前進？甚麼東西支持著我成為專業人士？

- 有<u>哪些</u>實際方法能夠使我（在工作／家庭方面）保持動力和良好狀態？

- 假如我可以改變一些事情，那麼我希望在工作中做甚麼不同的事情？

- 回顧一些成功例子，我如何令他人有所轉變？

- 我曾否試過正面地被某個個案的故事深刻打動？他／她的故事為何讓我感動？

- 這份工作仍然適合我嗎？

## 4.3.2 培養同理心的想法

作為助人專業人士，我們渴望幫助社會弱勢群體。出於這份信念，我們會盡力為他們尋找解決困難的方法及給予支援。但是，他們所面對的困難是多方面的，往往不是助人專業人士能夠獨自解決的。有時，我們會經歷職業倦怠和同理心疲乏。當這情況出現時，我們可能會批評自己無法向個案提供幫助，感到無力和內疚，或會對自己的無能感到內疚。

有研究指出，靜觀練習能有效減輕助人專業人士的壓力（Burton, Burgess, Dean, Koutsopoulou, & Hugh-Jones, 2017）。

補充資料

**靜觀練習**

靜觀練習：三分鐘呼吸空間（廣東話）https://www.youtube.com/watch?v=0dnvyCJEGyE&t=119s
靜觀身體掃描練習
https://www.youtube.com/watch?v=vnn5Xjp0fp0&t=124s

**請掃描QR圖碼觀看影片／獲取資源連結**

同時，亦有研究指出，靜觀練習與慈悲心治療（compassion-based）結合，效果更為顯著（Khoury, Sharma, Rush, & Fournier, 2015）。另根據保羅•吉爾伯特（Paul Gilbert）創立的「慈悲心聚焦治療」（Compassion Focused Therapy）的介紹，如果我們能夠把對自己批判的聲音，重新轉化為更具同理心的聲音，將會對我們更有幫助。

| 批判性聲音 | 富有同理心聲音 |
|---|---|
| 我沒有動力去支援我的個案，我必定是一個失敗的社會工作者 | 我已經盡力了，這只是一種短暫的感覺，這種感覺意味著我可能已經筋疲力盡（burnout），我需要先照顧好自己 |
| 我應該可以做得更多 | 明白即使是助人專業人士，同樣也有限制。渴望做得更多是出於你對助人的渴望，這已經值得嘉許 |
| 我的個案需要我，她要求我做……的事情，她沒有家人或朋友的協助……所以我應該要幫助她 | 要留意作為助人工作者的界線，你的角色不是個案的家人或朋友。明白自己有這份助人的渴望，但當個案的要求已超出我們的能力範圍時，也可以用關懷的態度說聲「不」 |
| 如果我有更頻繁地探訪我的個案，他／她就可能不會自殺…… | 你已盡力了，自殺是複雜的行為，並非單一原因所造成 |

### 4.3.3 處理創傷經驗（Trauma Exposure）

當助人專業人士為有自殺念頭或受痛苦和創傷的個案提供支援時，他們或許會同樣承受這些經歷（例如：虐待、戰爭、目擊事故的細節）的影響。助人專業人士可能會因個案的創傷和痛苦而感到不知所措，更重要的是，這種影響是會累積的，稱為次級創傷。根據美國輔導協會（American Counseling Association, 2001）的定義，次級創傷是助人專業人士為受創傷者提供輔導服務時所引起而未經處理的情緒。因此，我們必須了解次級創傷所引起的徵狀，以及為受創傷者提供輔導時潛在的影響，這些經歷包括難以分享自己的感受、擔心自己做得不夠、夢境與個案創傷相關等。

懂得處理經歷創傷後的反應，將有助助人專業人士預防同理心疲乏或替代性創傷。最重要的是，我們必須明白和覺察助人專業人士都有其局限性，特別在處理受創傷困擾的個案時。

研究指出，當人們遭受創傷時，身體和大腦都會產生巨大的變化。羅斯柴爾德（Rothschild, 2006）是一位研究同理心疲乏的學者，她把同理心跟我們的身體和大腦機制聯繫起來。她認為同理心可用肉體形式經歷，這被稱為「軀體同理」（somatic empathy），意思是以身體去感受個案所遭受的經歷。當處於這高度戒備狀態時，我們可能會出現過度興奮的跡象。當我們身同感受的時候，身體會處於高度戒備的狀態，然後會出現各種身體反應：

各種身體反應可以是：

- 心臟跳動很快
- 感到恐慌
- 脖子和肩膀僵硬
- 手心出汗

因此，羅斯柴爾德建議在處理個案時，我們必須提高自己對身體的覺察力。當覺察到自己身體出現以上徵狀時，或許已經到達自己的極限了。

當這狀況發生時，助人專業人士首要做的是確立和接納個案所承受的痛苦，反映並總結他們的感受。下一步便是照顧好自己，有需要時與同儕分享，並處理面談中所產生的情緒。15分鐘的傾訴已經有很大的幫助。所以，不要猶豫尋求別人的幫助；冷靜後，可以考慮再與臨床督導討論如何處理和跟進個案。

### 臨床注意事項

助人專業人士小心不要將次級創傷與職業倦怠混為一談。次級創傷是一種過度陷入個案創傷事件而引起的緊張狀態。反之，職業倦怠是隨著時間累積而形成的。

## 4.3.4 自我照顧模型

**你可使用的工具**

▶ 工具4.3：自我照顧和應對措施

這是一個自我照顧矩陣，記錄了人們可以採取哪些措施來更全面地照顧自己。以下例子僅供參考，請使用工具4.3的空白樣板，以規劃出適合你的自我照顧矩陣。

| 身（生理） | 心靈 |
|---|---|
| • 均衡飲食<br>• 適當運動<br>• 充足睡眠<br>• 有需要時，及早求醫<br>• 休假<br>• 按摩<br>• 香薰治療 | • 了解並實踐自己重視的價值<br>• 覺察自己的不足、限制和界線（並能夠維持這些界線）<br>• 培養寫感恩日記的習慣<br>• 培養個人優勢和積極的特質<br>• 實踐寬恕<br>• 培養自我反思／自我覺察的習慣<br>• 覺察自己的情緒<br>• 閱讀一些勵志書<br>• 有需要時，尋求輔導服務<br>• 適時地應用放鬆技巧<br>• 靜觀練習 |
| **專業** | **社交** |
| • 享受「幸福」的一天<br>• 去度假<br>• 吃一頓愉快的午餐<br>• 午飯後散步<br>• 讓自己安靜地完成工作<br>• 在工作中尋求令人興奮和滿足的任務<br>• 學懂説不<br>• 在工作環境中建立朋輩支援網絡<br>• 定期與臨床主管協商<br>• 有需要時，主動向他人求助和接受他人的幫助 | • 促進個人生活和工作中的友誼<br>• 與家人和朋友共度時光<br>• 和同事一起喝咖啡<br>• 去旅行<br>• 參與同行支援小組 |

# 4.4 如何協助機構同工處理職業倦怠

有研究指出，認知行為治療合併放鬆技巧，可以有效減低情緒疲憊（Maricuțoiu, Sava, & Butta, 2016）。

另一方面，亦有研究指出，以機構為本（organizational-based）的介入措施能更有效減低助人專業人士如醫生的職業倦怠感（Panagioti et al., 2017）。以機構為本的介入是指結構性的轉變，這能有助促進同輩之間的溝通、培養正面的團隊合作精神和平衡工作量。

假若職業倦怠是機構中經常出現的問題，推行個別措施未必能有效處理和解決這問題。這時，便可以考慮使用以機構為本的介入，例如，安排在午飯後舉辦瑜伽小組活動、組織一個步行／跑步會、每週安排正念冥想時間等。

同理／慈悲心（compassion）是名詞，來自拉丁文，意思為「同受其苦」（Lopez, 2009）。「經歷個案遭受的苦難」是助人專業人士日常工作的一部分。在這個極具壓力的環境下（例如：個案自殺），我們需要以專業的態度為個案提供支援，但是我們未必了解它如何影響我們的情緒健康。

讓助人專業人士有機會分享自己照顧受助者的經驗、想法和感受，有助他們得到正面的回饋。施瓦茨模型（Schwartz Rounds）的概念於1997年推出，現已廣泛應用在英國和美國的375個醫療場所（Robert et al., 2017）。

## 甚麼是施瓦茨模型？

施瓦茨模型提供了一個結構性的溝通平台，讓前線和支援的工作人員定期探討工作對他們情緒的影響（The Point of Care Foundation, 2021）。這個模型是建基於醫院病房巡迴檢查的概念，旨在分享和討論個案，並尋找適當的解決方法。但是，施瓦茨模型的焦點放在工作人員因照顧個案而產生的個人經歷和反思上，例如：心理和社交上的影響。因此，施瓦茨模型旨在為工作人員提供一個反思和分享的安全平台。Cullen（2016）認為能夠在社會工作中應用這個模型是非常有價值的。

## 有關施瓦茨模型的研究

2020年，英國的一項研究收集了在47個機構中進行的402次施瓦茨模型數據，得出的結果非常正面（Flanagan, Chadwick, Goodrich, Ford, & Wickens, 2020）。員工參加了施瓦茨模型後更能靈敏察覺到個案的需求。參與者非常珍惜和把握這個機會，分享因工作環境而產生的痛苦經歷和感受。員工表示，透過與同儕分享近似的經歷而產生的聯繫和共鳴，能幫助他們減少孤獨感。更重要的是，如果權威人士或高級管理人員願意分享他們的錯誤和失敗經歷，也有助提升工作人員對自己和其局限性的同理心。

施瓦茨模型的原則（The Point of Care Foundation, 2021）

- 保密的

- 有主題性及可預測的（1小時）

- 由專業同工帶領，他／她必須了解員工的經驗、機構的結構和文化，帶領員工處理小組中的互動和組員的情緒困擾

- 目的：一個具治療性和安全性的平台，可以讓助人專業人士反思工作對他們情緒的影響

- 強調這個平台不是用來解決問題或給彼此創造解決方案

- 邀請及鼓勵參加者分享自己的經歷，並要對別人的經歷感到好奇及表達自己的感受，從而促進彼此之間的聯繫

- 每一節都可以是以主題或情境為本。以主題為本的例子包括：「一個我最難忘的個案」、「無法忍受的感受」。以情境為本的例子包括：「一種陷入與個案和家人之間的困境」、「過早死亡」等。

## 處理創傷壓力

2020年的一項系統文獻回顧（systematic review）（Anderson, Di Nota, Groll, & Carleton, 2020），蒐集了14項研究計劃，涉及10,000多名參與者，目的是探討幫助經歷創傷事件人士的助人專業人士介入方法的有效性。以下是從該些研究中找到的常見介入：

- 緊急事件壓力解說（critical incident stress debriefing, CISD）

- 重大事件壓力管理（critical incident stress management, CISM）

- 同儕支援（peer support）

- 心理健康急救（psychological first aid）

另外，該文獻回顧總結了以上介入方法，針對創傷事件、曠工、藥物濫用、精神病徵狀、自殺率、羞恥感和整體功能評估等方面的成效測量。結果顯示，解說介入未能達到顯著影響。另一方面，由於重大事件壓力管理應用的一致性較低，所以其成效也較難得出結論。

在這些介入中，同儕支援的成效似乎最為正面。同儕支援旨在給予曾經歷創傷事件人士情感和社交支援、鼓勵以及希望。

---

 **臨床注意事項**（來自SANE Australia [2016] 最佳實踐方案）

- 很多機構會選擇在重大事件（例如：自殺）發生後舉行解說，雖然文獻尚未有定論，但筆者建議機構應為有需要的同工提供此機會。請注意，與死者有直接或間接聯繫的工作人員也應該獲得這類支援。

- 主管在調查與事件相關的同工時，請確保此類會議是在相關人員不感到被評判的氣氛下進行。

# 總結

自殺是可預防的健康危機，它像其他疾病，例如中風一樣可以治癒。在各個年齡層中，長者面對較高的自殺風險。本書不單敘述有效應對自殺風險的策略，幫助從事與精神健康相關的專業人士制定介入措施，還涵蓋從預防方法到事後介入的原則和方案。但礙於人手及工作量所限，我們期望專業人士遇到較高自殺風險的長者時，能從書中找到可實踐的預防方法。現在正是採取行動的時候，讓大家共同合作，使社區變得更好並為有需要的人帶來希望。

# 參考文獻

# 參考文獻

American Counseling Association. (2001). *Vicarious trauma.* https://www.counseling.org/docs/trauma-disaster/fact-sheet-9---vicarious-trauma.pdf

Anderson, G. S., Di Nota, P. M., Groll, D., & Carleton, R. N. (2020). Peer support and crisis-focused psychological interventions designed to mitigate post-traumatic stress injuries among public safety and frontline healthcare personnel: A systematic review. *International Journal of Environmental Research and Public Health, 17*(20), 7645. https://doi.org/10.3390/ijerph17207645

Berman, A. L. (2011). Estimating the population of survivors of suicide: Seeking an evidence base. *Suicide and Life-Threatening Behavior, 41*(1), 110–116. https://doi.org/10.1111/j.1943-278X.2010.00009.x

Bilsker, D. & Forster, P. (2003). Problem-solving intervention for suicide crisis in the psychiatric emergency service. *Crisis: The Journal of Crisis Intervention and Suicide Prevention, 24*(3), 134–136. http://doi.org/10.1027/0227-5910.24.3.134

Bowlby, J. (1969). *Attachment and loss* (Vol. 1). The Hogarth Press and Institute of Psychoanalysis.

Brooks, S., Buruss, S. K., & Mukherjee, K. (2019). Suicide in the elderly: A multidisciplinary approach to prevention. *Clinics in Geriatric Medicine, 35*(1), 133–145. https://doi.org/10.1016/j.cger.2018.08.012

Burton, A., Burgess, C., Dean, S., Koutsopoulou, G. Z., & Hugh-Jones, S. (2017). How effective are mindfulness-based interventions for reducing stress among healthcare professionals? A systematic review and meta-analysis. *Stress and Health, 33*(1), 3–13. https://doi.org/10.1002/smi.2673

Carlson, W. L., & Ong, T. D. (2014). Suicide in later life: Failed treatment or rational choice? *Clinics in Geriatric Medicine, 30*(3), 553–576. https://doi.org/10.1016/j.cger.2014.04.009

Centre for Applied Research in Mental Health & Addiction. (2007). *Working with the client who is suicidal: A tool for adult mental health and addiction service.* Victoria: British Columbia Ministry of Health.

Centre for Suicide Research and Prevention (CSRP). (2020). *Method Used in Completed Suicide by Age Group in Hong Kong 2020.* https://csrp.hku.hk/statistics/

Centre for Suicide Research and Prevention (CSRP). (2015). *Bereavement support pamphlet.* https://csrp.hku.hk/wp-content/uploads/2015/06/A-Handbook-for-Survivors-of-Suicide_chn.pdf

Cerel, J., McIntosh, J. L., Neimeyer, R. A., Maple, M., & Marshall, D. (2014). The continuum of "survivorship": Definitional issues in the aftermath of suicide. *Suicide and Life-Threatening Behaviour 44*, 591–600.

Chiles, J. A., & Strosahl, K. D. (1995). *The suicidal patient: Principles of assessment, treatment, and case management.* American Psychiatric Press, Inc.

Chung, D. T., Ryan, C. J., Hadzi-Pavlovic, D., Singh, S. P., Stanton, C., & Large, M. M. (2017). Suicide rates after discharge from psychiatric facilities: A systematic review. *JAMA Psychiatry, 74*(7), 694–702.

Cullen, A. (2016). Schwartz rounds®—Promoting compassionate care and healthy organizations. *Journal of Social Work Practice, 30*(2), 219–228. https://doi.org/10.1080/02650533.2016.1168386

Culver, L. M., McKinney, B. L., & Paradise, L. V. (2011). Mental health professionals' experiences of vicarious traumatization in post-Hurricane Katrina New Orleans. *Journal of Loss and Trauma, 16*(1), 33–42. https://doi.org/10.1080/15325024.2010.519279

Curtin, S. C., Warner, M., & Hedegaard, H. (2016). *Increase in suicide in the United States, 1999–2014*. NCHS Data Brief, No. 241. https://www.cdc.gov/nchs/data/databriefs/db241.pdf

de Figueiredo, S., Yetwin, A., Sherer, S., Radzik, M., & Iverson, E. (2014). A cross-disciplinary comparison of perceptions of compassion fatigue and satisfaction among service providers of highly traumatized children and adolescents. *Traumatology, 20*(4), 286–295. https://doi.org/10.1037/h0099833

Figley, C. R. (Ed.). (1995). *Compassion fatigue: Coping with secondary traumatic stress disorder in those who treat the traumatized*. Routledge.

Flanagan, E., Chadwick, R., Goodrich, J., Ford, C., & Wickens, R. (2020). Reflection for all healthcare staff: A national evaluation of Schwartz rounds. *Journal of Interprofessional Care, 34*(1), 140–142. https://doi.org/10.1080/13561820.2019.1636008

Hanson, A. J. (2015). *The impact of compassion fatigue and burnout among residential care workers on client care: Implications for social work practice*. https://sophia.stkate.edu/msw_papers/453

Heritage, B., Rees, C. S., & Hegney, D. G. (2018). The ProQOL-21: A revised version of the Professional Quality of Life (ProQOL) scale based on Rasch analysis. *PLOS One, 13*(2), 1–20. https://doi.org/10.1371/journal.pone.0193478

Irish Childhood Bereavement Network. (2017). *Standards for supporting bereaved children & young people: A framework for development*. ICBN, Dublin. https://www.tusla.ie/uploads/content/ICBN-Standards-Framework.pdf

Khoury, B., Sharma, M., Rush, S. E., & Fournier, C. (2015). Mindfulness-based stress reduction for healthy individuals: A meta-analysis. *Journal of Psychosomatic Research, 78*(6), 519–528. https://doi.org/10.1016/j.jpsychores.2015.03.009

Kübler-Ross, E., Wessler, S., & Avioli, L. V. (1972). On death and dying. *JAMA, 221*(2), 174–179. https://doi.org/10.1001/jama.1972.03200150040010

Linehan, M., Heard, H., & Armstrong, H. (1993). Naturalistic follow-up of a behavioural treatment for chronically parasuicidal borderline patients. *Archives of General Psychiatry, 50*(12), 971–974. http://doi.org/10.1001/archpsyc.1993.01820240055007

Lopez, S. J. (2009). *The encyclopedia of positive psychology*. Blackwell Publishing.

Logan, J., Hall, J., & Karch, D. (2011). Suicide categories by patterns of known risk factors: A latent class analysis. *Archives of General Psychiatry, 68*(9), 935–941. http://doi.org/10.1001/archgenpsychiatry.2011.85

Maricuţoiu, L. P., Sava, F. A., & Butta, O. (2016). The effectiveness of controlled interventions on employees' burnout: A meta-analysis. *Journal of Occupational and Organizational Psychology, 89*(1), 1–27. https://doi.org/10.1111/joop.12099

Mathieu, F. (2007). *Running on empty: Compassion fatigue in health professions*. http://compassionfatigue.org/pages/RunningOnEmpty.pdf

Monk, L., Samra, J., British Columbia, & Simon Fraser University. (2007). *Working with the client who is suicidal: A tool for adult mental health and addiction service*. British Columbia Ministry of Health, Canada.

National Suicide Prevention Alliance. (2016). *Support after a suicide: A guide to providing local services*. https://nspa.org.uk/wp-content/uploads/2021/04/PHE_postvention_resource-NB311016-1.pdf

National Suicide Prevention Alliance. (n.d.). *Support after a suicide: Developing and delivering local bereavement support services*. https://suicidebereavementuk.com/wp-content/uploads/2020/09/NSPA_Developing-Delivering-Local-Bereavement-Support-Services.pdf

Panagioti, M., Panagopoulou, E., Bower, P., Lewith, G., Kontopantelis, E., Chew-Graham, C., . . . & Esmail, A. (2017). Controlled interventions to reduce burnout in physicians: A systematic review and meta-analysis. *JAMA Internal Medicine, 177*(2), 195–205. https://doi.org/10.1001/Jamainternmed.2016.7674

Pearlman, L. A., & Saakvitne, K. W. (1995). Treating therapists with vicarious traumatization and secondary traumatic stress disorders. In C. R. Figley (Ed.), *Compassion fatigue: Coping with secondary traumatic stress disorder in those who treat the traumatized* (pp. 150–177). Routledge.

Pérez-García, E., Ortega-Galán, Á. M., Ibáñez-Masero, O., Ramos-Pichardo, J. D., Fernández-Leyva, A., & Ruiz-Fernández, M. D. (2020). Qualitative study on the causes and consequences of compassion fatigue from the perspective of nurses. *International Journal of Mental Health Nursing, 30*(2), 469–478. https://doi.org/10.1111/inm.12807

Rasmussen, B. (2005). An intersubjective perspective on vicarious trauma and its impact on the clinical process. *Journal of Social Work Practice, 19*(1), 19–30. https://doi.org/10.1080/02650530500071829

Regehr, C., & Sussman, T. (2004). Intersections between grief and trauma: Toward an empirically based model for treating traumatic grief. *Brief Treatment and Crisis Intervention, 4*(3), 289–309. http://doi.org/10.1093/brief-treatment/mhh025

Robert, G., Philippou, J., Leamy, M., Reynolds, E., Ross, S., Bennett, L., Taylor, C., Shuldham, C., Maben, J., (2017). Exploring the adoption of Schwartz Center Rounds as an organizational innovation to improve staff well-being in England, 2009–2015. *BMJ Open, 7*(1), 1–10.

Rothschild, B. (2006). *Help for the helper: The psychophysiology of compassion fatigue and vicarious trauma*. W. W. Norton & Company.

SANE Australia. (2016). *Suicide prevention and recovery guide: A resource for mental health professionals*. https://www.sane.org/images/PDFs/2779_SANE_SPRG_2016_06.pdf

Shneidman, E. (1996). *The suicidal mind*. Oxford University Press.

Stamm, B. H. (2005). *The ProQOL manual. The professional Quality of Life Scale: Compassion satisfaction, burnout & compassion fatigue/secondary trauma scales*. Sidran Press.

Stroebe, M., & Schut, H. (2010). The dual process model of coping with bereavement: A decade on. *OMEGA-Journal of Death and Dying, 61*(4), 273–289. https://doi.org/10.2190/om.61.4.b

Substance Abuse and Mental Health Services Administration (SAMHSA). (2015). *Promoting emotional health and preventing violence: A toolkit for senior centers*. https://store.samhsa.gov/

Temes, R. (1992). *Living with an empty chair: A guide through grief*. New Horizon Press.

The Point of Care Foundation. (2021). *About Schwartz Rounds*. https://www.pointofcarefoundation.org.uk/our-programmes/schwartz-rounds/about-schwartz-rounds/

Turgoose, D., & Maddox, L. (2017). Predictors of compassion fatigue in mental health professionals: A narrative review. *Traumatology, 23*(2), 172–185. https://doi.org/10.1037/trm0000116

Worden, J. W. (1991). *Grief counselling and grief therapy: A handbook for the mental health practitioner* (2nd ed.). Routledge.

World Health Organization (WHO). (2008). *Preventing suicide: How to start a survivors' group*. http://www.unifiedcommunities.com/savedotorg/WHO-SurvivorGroup-Handbook.pdf

World Health Organization (2014). *Preventing suicide: A global imperative*. https://apps.who.int/iris/rest/bitstreams/585331/retrieve

World Health Organization (2019). *Suicide worldwide in 2019: Global health estimates*. https://apps.who.int/iris/rest/bitstreams/1350975/retrieve

Yip, P. S. F., Chi, I., Chiu, H., Wai, K. C., Conwell, Y., & Caine, E. (2003). A prevalence study of suicide ideation among older adults in Hong Kong SAR. *International Journal of Geriatric Psychiatry, 18*(11), 1052–1062. http://doi.org/10.1002/gps.1014

Yip, P. S. F., Law, Y. W., & Chan, K. Y. M. (2013). Suicide prevention in Hong Kong: opportunities and challenges. In Lester, D., & Rogers, J. R. (Eds.). (2013). *Suicide: A Global Issue [2 volumes]: A Global Issue*. ABC-CLIO.

Yip, P. (2020, September 10). How Hong Kong's suicide prevention efforts can help reduce the global impact of Covid-19 on mental health. *South China Morning Post*. https://www.scmp.com/comment/opinion/article/3100807/how-hong-kongs-suicide-prevention-efforts-can-help-reduce-global

# 工具包

# 第一章　及早識別

# 及早識別

## 工具1.1：**長者自殺的風險因素和保護因素**

為了及早識別有自殺風險的長者，助人專業人士必須對自殺常見的風險因素和保護因素有透徹的了解和辨識能力。及早識別通常是第一步，為高危群組提供最有效的針對性預防及／或介入措施（Monk et al., 2007; SAMHSA, 2015）。

| 前置／風險因素 | | 保護因素 | 風險因素 |
|---|---|---|---|
| • 視力欠佳<br>• 聽力受損<br>• **多項共病**<br>• **長期痛症／病患**<br>• 沒有伴侶<br>（例如：未婚、喪偶）<br>• 獨居<br>• 曾經企圖自殺<br>• 家人自殺身亡<br>• 財務損失／債務<br>• 失業／待業<br>• 曾遭受虐待<br>• **濫用藥物**<br>（例如：吸毒或酗酒）<br>• 高齡<br>• 性別（男）<br>• 容易取得自殺工具 | • **抑鬱**<br>• 焦慮<br>• 孤獨感<br>• 無望感<br>• **精神疾病**<br>• 有限的社交接觸和社交融合<br>（如：社交上被排斥）<br>• **有限的社交支援網絡** | • 接受身體疾病和殘疾的治療<br>• 接受抑鬱症和其他精神健康問題的治療<br>• 對未來抱有希望<br>• 與家人、朋友和社區建立緊密聯繫<br>• 投入有意義的活動，包括休閒、社交、心靈、智力和創造力等活動<br>• 肯定自己的能力和成就<br>• 自我理解<br>• 對前景感到樂觀<br>• 抗逆力和毅力<br>• 具備應對問題和解決衝突的技能<br>• 宗教信仰及自我保護的文化<br>• 正面健康的生活及積極尋求協助 | • 近期經歷重大的挫折或難堪的事件<br>（例如：家人離世）<br>• 最近遭遇自殺事件<br>• 抑鬱情緒改善令行動能力提高<br>• 最近從醫院出院 |

粗體字：就長者而言較為重要的因素

# 工具1.2：**針對精神健康狀況和自殺傾向的簡短篩查工具樣本**

**目的**

初步評估受訪者最近的(i)精神健康狀況及(ii)自殺風險。留意此問卷只供參考，不能作為臨床評估及診斷。

**指引**

工作人員可透過以下問題，初步了解受訪者的情緒狀態。此問卷分別有四個部分。第一部分為了解受訪者的近況；第二部分為簡易情緒健康篩查（screening）；第三部分為有相關情緒的深入評估；第四部分為情緒和自殺風險的跟進建議。若受訪者於第二部分中透露大部分時間情緒都出現困擾，工作人員應根據指引完成第三部分的問題，以進一步了解受訪者的情緒狀態並作出相應的跟進建議。義工或前線同工可填寫第一和第二部分。如受訪者於第二部分中表現出情緒困擾，助人專業人士可完成第三部分，及根據第四部分作出相應的跟進建議。

## 第一部分：自我介紹及了解受訪者的近況

> 「喂，您好，我哋係XXX機構／中心打嚟嘅，想了解一下您嘅近況，您最近幾好嗎？您而家有無時間傾下計呢？」

訪問日期：_____年_____月_____日　　時間：（上午／下午）　時_____分_____

受訪者姓名：_____　　會員編號：_____

性別：男／女　　　　　　　　　　　年齡：_____

# 第二部份：簡易情緒健康篩查（screening）

**在過去兩個星期，您有多常受以下問題困擾？**

| | 完全沒有 | 幾日 | 超過一半以上的日數 | 近乎每日 |
|---|---|---|---|---|
| ① 做任何事都不感興趣，提不起勁 | 0 | 1 | 2 | 3 |
| ② 情緒低落、抑鬱或絕望 | 0 | 1 | 2 | 3 |

題 ① + ② 總分：_____ /6

題①+② 總分 < 3，沒有明顯抑鬱徵狀；

題①+② 總分 ≥ 3：有抑鬱徵狀，請完成第3.1部分

| | 完全沒有 | 幾日 | 超過一半以上的日數 | 近乎每日 |
|---|---|---|---|---|
| ③ 感到緊張、不安或煩躁 | 0 | 1 | 2 | 3 |
| ④ 無法制止憂慮 | 0 | 1 | 2 | 3 |

題 ③ + ④ 總分：_____ /6

題③+④ 分數 < 3，沒有明顯焦慮徵狀；

題③+④ 分數 ≥ 3，有焦慮徵狀，請完成第3.2部分

# 第三部分：詳細情緒健康狀況評估（助人專業人士填寫）

## 第3.1部分：抑鬱狀況（PHQ-9）

| 在過去兩個星期，您有多常受以下問題困擾？ | 完全沒有 | 幾日 | 超過一半以上的日數 | 近乎每日 |
|---|---|---|---|---|
| ① 做任何事都不感興趣，提不起勁 | 0 | 1 | 2 | 3 |
| ② 情緒低落、抑鬱或絕望 | 0 | 1 | 2 | 3 |
| ③ 難於入睡、半夜會醒或相反地睡太多 | 0 | 1 | 2 | 3 |
| ④ 覺得疲倦或活力不足 | 0 | 1 | 2 | 3 |
| ⑤ 胃口極差或進食過量 | 0 | 1 | 2 | 3 |
| ⑥ 不喜歡自己——覺得自己做人失敗、對自己失望或覺得有負家人期望 | 0 | 1 | 2 | 3 |
| ⑦ 難於集中精神做事，例如看報紙或電視 | 0 | 1 | 2 | 3 |
| ⑧ 行動或說話遲緩到令人注目的地步；或者相反地異常躁動——坐立不安、停不下來 | 0 | 1 | 2 | 3 |
| ⑨ 產生尋死或者設法自殘的念頭 | 0 | 1 | 2 | 3 |

病人健康狀況問卷—9（題 ① – ⑨）總分： ＿＿＿＿＿／27

題 ① – ⑨ 總分：〔0–4＝沒有抑鬱症狀；5–9＝輕度；10–14＝中度；15–19＝中度嚴重；≥20＝嚴重——需要轉介〕

題 ⑨ 分數為0，沒有自殺危機；題 ⑨ 分數≥1，有自殺風險，跳至 9.1 題

| 自我傷害／自殺風險評估 | 沒有 | 有 |
|---|---|---|
| 9.1 最近一個月，您有否覺得死去比較好？ | 0 | 1 |
| 9.2 最近一個月，您有沒有想過要傷害自己？ | 0 | 1 |
| 9.3 最近一個月，您有沒有想過自殺？ | 0 跳至 9.7 題 | 1 完成 9.4 至 9.6 題 |
| 9.4 是否有自殺的計劃？ | 0 | 1 |
| 9.5 是否已有自殺的工具？ | 0 | 1 |
| 9.6 是否曾經嘗試過自殺？ | 0 | 1 |
| 9.7 在您的一生中，曾否嘗試過自殺？ | 0 | 1 |

**整體自殺風險**

題 9.1 或 9.2 或 9.3 回答有，低自殺風險

題 9.3 + 9.4 或 9.2 + 9.3 + 9.7 回答有，中自殺風險

題 9.4 + 9.5 + 9.6 + 9.7 回答有，高自殺風險

## 第3.2部分：焦慮狀況評估（GAD7）

| 在過去兩個星期，您有多常受以下問題困擾？ | 完全沒有 | 幾日 | 超過一半以上的日數 | 近乎每日 |
|---|---|---|---|---|
| 10 感到緊張、不安或焦躁 | 0 | 1 | 2 | 3 |
| 11 無法制止憂慮 | 0 | 1 | 2 | 3 |
| 12 過分憂慮不同的事情 | 0 | 1 | 2 | 3 |
| 13 難以放鬆 | 0 | 1 | 2 | 3 |
| 14 心緒不寧以至坐立不安 | 0 | 1 | 2 | 3 |
| 15 容易心煩或易怒 | 0 | 1 | 2 | 3 |
| 16 感到害怕，就像要發生可怕的事情 | 0 | 1 | 2 | 3 |

廣泛性焦慮量表（Generalized Anxiety Disorder 7-item Scale）題 10 – 16 總分： _____/21

題 10 – 16 總分〔0–4 ＝ 沒有明顯焦慮；5–9 ＝ 輕度；10–14 ＝ 中度；≥15 ＝ 嚴重〕

## 第四部分：不同程度的精神健康及自殺風險跟進建議

| 抑鬱和焦慮程度 | 跟進建議 |
|---|---|
| 沒有明顯抑鬱和焦慮徵狀 | <ul><li>分享精神健康資訊</li><li>鼓勵保持身心健康</li><li>多關心身邊親友，保持聯繫</li></ul> |
| 輕度抑鬱和焦慮徵狀 | <ul><li>提醒當事人或已出現情緒困擾徵狀，要多留意自身情況</li><li>提供精神健康資訊，尤其鼓勵<ul><li>▶ 維持健康的生活規律</li><li>▶ 提升正面情緒</li><li>▶ 應對失眠</li></ul></li><li>做鬆弛練習</li><li>定期持續關注</li></ul> |
| 中度至中度嚴重抑鬱和焦慮徵狀 | <ul><li>提醒當事人或已出現明顯的情緒困擾徵狀，甚或達到臨床程度</li><li>需要密切留意自身情況</li><li>需要社工積極介入<ul><li>▶ 就當事人出現的徵狀，討論相應的精神健康資訊，以了解其需要及介入方向</li><li>▶ 可留意當事人有否出現較負面的思想和行為，協助其識別及調整</li><li>▶ 了解當事人的家人及其他支援系統，鼓勵其尋求協助</li><li>▶ 提升保護因素</li><li>▶ 鼓勵多做運動及鬆弛練習</li></ul></li><li>有需要時，與當事人討論尋求精神科服務，或建議約見家庭醫生作初步診斷</li><li>提供相關的社區資源資訊</li><li>緊密跟進及持續評估</li></ul> |
| 嚴重抑鬱和焦慮徵狀 | <ul><li>提醒當事人已出現較嚴重的情緒困擾徵狀，需要臨床關注及介入</li><li>由社工評估有否即時的自我傷害/自殺危機</li><li>當有即時生命危險時，盡快致電或找出當事人的所在位置，並報警求助</li><li>需要社工積極介入，甚或即時見面（安排面談/視像）<ul><li>▶ 就當事人出現的徵狀，討論相應的精神健康資訊（例如：維持身心健康行動），以了解其需要及介入方向</li><li>▶ 提升保護因素</li><li>▶ 了解當事人的家人及其他支援系統，鼓勵其尋求協助</li></ul></li><li>有需要時，通知家人有關當事人的情況，與他們商討跟進服務</li><li>鼓勵尋求精神科服務，或轉介至精神科醫生或臨床心理學家作診斷和治療</li><li>提供相關的社區資源資訊</li><li>緊密觀察、跟進及持續評估（包括自我傷害/自殺風險評估）</li></ul> |

## 不同程度自殺風險的跟進

| 自殺風險 | 自殺計劃及行動 | 跟進 |
|---|---|---|
| 低自殺風險 | 沒有 | • 提升個人保護因素<br>  ▶ 表達關心<br>  ▶ 提供有關健康生活方式和活動的資訊 |
| 中自殺風險 | 有較具體的自殺計劃 | • 提升個人保護因素<br>  ▶ 提供有關健康生活方式和活動的資訊<br>• 有效的介入措施<br>  ▶ 共同建立緊急對應卡<br>  ▶ 提供相關社區資源的資訊<br>• 持續評估<br>  ▶ 持續自殺風險評估 |
| 高自殺風險 | 有具體的自殺計劃、方法和工具 | • 提升個人保護因素<br>  ▶ 講解有關維持身心健康的生活方式和活動<br>• 通知家人<br>  ▶ 有需要時，通知家人有關當事人的情況<br>• 與家人商討跟進服務和安排合適的支援及活動<br>  ▶ 個別輔導<br>  ▶ 家庭輔導<br>• 持續評估<br>  ▶ 持續及密切觀察當事人<br>  ▶ 有需要時，為當事人作進一步評估<br>  ▶ 提供相關的社區資源資訊<br>• 確保安全<br>  ▶ 當有即時生命危險時，盡快致電或找出當事人的所在位置，並報警求助 |

## 工具1.3：**有關自殺的迷思和事實**

認識有關自殺常見的迷思和事實，有助增強助人專業人士和公眾在預防自殺工作方面的知識、技巧和態度（CSRP, 2015; Monk et al., 2007; SAMHSA, 2015）。

| 迷思 | 事實 |
|---|---|
| 提及或透露自殺意圖的人實際上不會自殺。 | 高達80%的自殺死者在事前曾表現出不同的自殺警號和跡象，因此我們應謹慎處理自殺威脅，並採取徹底的跟進行動。 |
| 自殺的人是堅決尋死的，無論採取任何介入方案，他們都會自殺。 | 自殺的人通常是猶豫不決的，因此及時的介入很重要。 |
| 有關自殺的詢問會促使一個人實行其自殺計劃。 | 若能善用同理心和具非批判性的態度，有自殺念頭的人會感到被聆聽、理解和慰藉。 |
| 曾企圖自殺的人再次自殺的可能性會較低。 | 曾企圖自殺的人會有更高機會再次自殺。 |
| 自殺主要是年青人的問題。 | 在香港，長者（60歲或以上）的自殺率較年青人為高。 |

# 工具1.4：**預防長者自殺的專業能力清單**

**就以下每條問題，請圈出最符合你當前情況的答案。**

| | | | |
|---|---|:---:|:---:|
| 1. | 你可曾接受過有關常見長者精神疾病的培訓？ | 是 | 否 |
| 2. | 你可曾接受過長者自殺風險評估的培訓？ | 是 | 否 |
| 3. | 你知道哪些因素可能會增加長者的自殺風險？ | 是 | 否 |
| 4. | 你知道如何識別自殺的警號？ | 是 | 否 |
| 5. | 你知道如何識別抑鬱症的徵狀？ | 是 | 否 |
| 6. | 你有否向長者提供關於抑鬱症和自殺的資訊和資源？ | 是 | 否 |
| 7. | 你是否熟識你所屬的機構在處理自殺事件上的工作流程或實務指引？ | 是 | 否 |
| 8. | 在你所屬的社區／機構裏，當處理自殺事件時，你是否知道誰會給予你支援？ | 是 | 否 |
| 9. | 你知道如何為有自殺風險長者的家庭照顧者提供支援？ | 是 | 否 |
| 10. | 你是否有計劃和資源幫助因親友自殺身亡而經歷哀傷的人士？ | 是 | 否 |

以上清單可引導你建立所需的知識和技巧，以幫助你辨識服務單位中有抑鬱和自殺念頭的長者。

摘錄自SAMHSA (2015)。

# 工具1.5：**自殺警號的心理健康教育樣本**

## 認識自殺警號

本小冊子所載的資訊能幫助讀者學習如何識別和處理有可能出現的自殺警號。

有沒有人向您提過類似以下說話？您自己曾否有過類似想法？

- 「我是別人的負擔，沒有我他們的生活將會得到改善。」
- 「沒關係⋯⋯我很快就不會再麻煩到您了。」
- 「生活極其艱難。現在要處理的事情太多了。」
- 「我不想再生存了。」
- 「除了自殺之外別無他法。」

這些描述是否適合形容您或您認識的人（例如：家人、朋友、鄰居）？

當事人認為，自哀傷期開始（失去重要的人或事物），人生不再具有任何意義。他/她的情緒受到影響（例如：對照顧者的脾氣變差），並且傾向採用不健康的應對機制（例如：日益嚴重的酗酒習慣）。

當事人已經暫停了他/她的日常活動（例如：沒去上班或上學，沒有合理原因而缺席治療課節），而且最近亦出現睡眠問題和感到無望。

潛在自殺風險的常見指標是甚麼？

出現以下行為的人可能面臨即時及較高的自殺風險：

- 透露他們的無望感或缺乏繼續生存的動力
- 表達傷害自己或死亡的意慾和想法
- 尋找自殺方法（例如：在網絡論壇上發佈帖子；獲取自殺工具，諸如木炭之類）

出現以下行為的人亦可能面臨中度或以上的自殺風險，尤其當這些行為是日常較少見的，但最近出現頻率或強度有所增加，及/或與他/她生活中發生的負面事件有關時：

- 透露他們感到痛苦不堪或無助
- 認為自己毫無價值或負累他人
- 逐漸採用不健康的生活方式（例如：酗酒、吸毒）
- 出現魯莽的行動或以焦慮不安的方式行事
- 睡眠過多或不足
- 自我孤立或表達孤獨感
- 提出報仇或以其他方式表達他們的憤怒
- 情緒急劇變化

## 回應自殺的警號

在檢視個案的自殺風險後，首要任務是鼓勵他／她主動尋求適當的協助。由於個案或受社會對精神健康和與自殺相關的污名所影響，因而猶豫是否應該尋求協助。他／她可能沒有尋求協助的經驗，並對未來感到困惑，甚至認為他／她可以在沒有任何治療的情況下解決自己的問題。

**當出現一個或多個自殺警號時，請採取以下行動：**

- 與我們中心相關的人士，請聯繫：

_____

- 社區人士，請聯繫：

_____

_____

- 如果您無法聯繫精神健康專業人員／服務，請隨時致電撒瑪利亞會 2389 2222／2896 0000（多種語言）或生命熱線 2382 0000。

- 首要目的是為當事人聯絡上精神健康專業人員／服務，並作自殺風險評估。如果您認為當事人有即時生命危險，請致電 999。與當事人保持聯繫，直至他／她獲得進一步的幫助，並嘗試以正面的態度與當事人説話。

謹記：精神健康與身體健康兩者同樣重要，缺一不可。若您發現自己出現精神困擾，請主動尋求協助，就如傷風感冒時您會去看醫生一樣！

### 我們可以預防自殺！

摘錄自 SAMHSA (2015)。

# 工具1.6：**預防長者抑鬱和焦慮的方法**

## 長者可以為自己做甚麼？

1. 增進知識
   - 了解更多關於抑鬱和焦慮的資訊

2. 正面思維
   - 保持對自我、世界和未來積極正面的態度

3. 維持健康的生活方式
   - 每天運動，均衡飲食。不要吸煙、飲酒或濫用藥物，維持規律的就寢時間和養成良好的睡眠習慣

4. 保持身體健康
   - 與醫護團隊和照顧者共同商討疾病的治療及處理方法，例如：高血壓、糖尿病、高脂血症等

5. 享受生活
   - 在生活中騰出時間進行休閒活動和發展興趣，每天做一些令自己愉快的事

6. 透過終身學習保持頭腦靈活
   - 關注新聞時事，避免與社會脫節
   - 了解社區資源，以減少社交孤立

7. 建立人際關係
   - 與可信賴的朋友或親戚保持社交關係；與經歷類似經驗的人建立朋輩支援關係
   - 關心家人並為他們作出貢獻，例如：照顧兒童有助提升自我價值和生活樂趣
   - 與年輕一代分享經驗和智慧，例如：成為人生導師和義工

8. 留意自己的狀態
   - 尋找壓力來源，避免訂下難以實現的目標，也不要過分擔心
   - 如果問題仍然存在，應及早尋求幫助

9. 維持財務獨立
   - 制定具前瞻性的財務計劃，以保障生活水平；有需要時，尋求政府幫助

## 家人和朋友可以為患抑鬱症的長者做甚麼？

1. 陪伴他們，不要忽略他們的情緒需要：
   - 邀請他們外出散步、郊遊或進行他們喜歡的活動
   - 與他們交談和聆聽他們，並給予適當的肯定，以點燃人生希望。

2. 如有疑問，請與他們的醫生商討。

3. 鼓勵並協助他們尋求幫助。

4. 了解當區的支援小組，盡可能與他們一起參加小組活動。

5. 不要忽視或無視任何自殺警號，以及他們對自殺或死亡的任何評論。如果發現他們有自殺念頭，請陪伴他們，並向醫生報告或立即致電尋求幫助。

摘錄自 Centre for Health Protection of the Department of Health (2012)。

# 工具1.7：促進長者的身心健康

這工具包含一些建議活動，有助長者維持和促進身心健康。

## 社交活動

- 建立一個以地區為本的平台，讓長者進行交流、舉辦各類型團體遊覽活動（例如：文化——中國戲曲，戶外活動——島嶼一日遊）以及節慶聚會（例如：農曆新年、週年紀念日）。透過參加這些社交活動，長者可享受社交的樂趣，減少出現孤獨感，增強情感支援，並增進與他人的聯繫。

## 有益身心健康的活動

- 小組運動和互動活動，有助增強體力、平衡感、血液循環和肢體靈活性。戶外活動如行山和遠足能鍛鍊身體。呼吸和鬆弛練習、伸展運動、氣功或太極均有助紓緩壓力，改善整體健康。舉辦有趣的互動遊戲（例如：bingo遊戲），促進長者之間的聯繫，交流有益身心健康的資訊。

- 藝術活動（例如：詩詞分享、手工藝工作坊、聽音樂、寫故事），可以提升創造力、想像力和個人表達能力。

- 以健康為主題的活動（例如：健康生活習慣、營養和飲食、常見的身體疾病），能讓長者更有效地管理健康。

- 增加生活技能的活動以應對轉變，有助長者更有效地處理特定的問題（例如：哀傷和喪親、隨年齡增長而出現的變化、性障礙、日常生活上的壓力、照顧責任、人際關係的挑戰、個人理財、處理日常事務）。

- 心靈和宗教活動（例如：望彌撒、崇拜、節日慶典、祈禱會、靜坐訓練、反省活動），有助長者探討生活的目的、意義和價值。

- 緬懷活動，可鼓勵長者透過具創意的方法（例如：編寫剪貼簿、寫日記、敘述個人故事）回顧自己的生活，從而幫助他們建立自我認同和肯定人生方向。

## 教育和技能發展活動

- 學習新技能或知識（例如：數碼科技、經濟學、烹飪、花藝、看護），有助長者建立他們的自我認同和自信心。

- 智能提升活動（例如：讀書會、熱門話題小組討論、演講活動、外語課）能增強認知能力和個人能力。

- 動腦筋及具創造力的活動（例如：語言或數學遊戲、拼圖、創意寫作、繪畫、手工藝）通常帶給人成功感，並有助保持正面的情緒。

## 參與義工服務和指導工作

- 給予長者發揮所長和培養助人能力的機會，有助建立個人的生活方向和意義。舉例如下：

- 在非牟利機構及非政府機構中，長者可以參與籌備和帶領活動、撰寫和編輯通訊、協助同行者處理日常雜務和其他特殊任務（例如：購買食品雜貨、看醫生、散步）、管理社區環境、促進和監督籌款活動，或尋找不同的義工服務。

- 長者可以分享自身的經驗和經歷，教育／指導不同年齡（例如：兒童至高齡人士）和背景的人士（例如：想學習中國文化的人士）。

- 除了非牟利機構及非政府機構之外，長者還可為其他社區團體和網絡（例如：義務工作發展局）提供義工服務。

- 參與年輕一代的活動（例如：照顧在學年齡的學童、擔任青少年的導師），有助長者重拾活力，回饋社會。有關義務工作的詳情，可到義務工作發展局網站查閱。

## 行為健康意識

- 透過行為健康專家的幫助，說明長者現有的服務及鼓勵他們尋求協助（例如：分享自身的經驗或故事，講述在困難或出現負面情緒時向助人專業人士求助的好處）。緊記助人專業人士必須遵守保密原則，並只有在個人或其他人面臨迫切的危機時才能超越這些原則。

摘錄自 SAMHSA (2015)。

# 工具1.8：**自殺警號**

在臨床面談或其他互動過程中，個案的自殺風險有可能以不同警號呈現（例如：他們的說話/行為/感受）。若能有效辨識這些警號，將有助助人專業人士進行全面的自殺風險評估，並採取適當的應對措施（CSRP, 2015; SAMHSA, 2015）。

## 說話

- ☐ 作出直接或間接的陳述，希望死去或傷害/殺死自己（例如：我不想再活下去。）
- ☐ 提及他們感到痛苦不堪、絕望或無助（例如：我已經沒有將來了。）
- ☐ 提及他們毫無價值或成為他人的負累（例如：如果沒有我，他們會更好。）
- ☐ 對其自殺風險的詢問作戒備性回應
- ☐ 與親友告別
- ☐ 表達自殺計劃的信息（時間、方式或死後安排）

## 情感

- ☐ 經歷難以忍受的心理痛苦
- ☐ 極端/急劇的情緒變化
  （例如：從嚴重的抑鬱到樂觀或平靜的突變）
- ☐ 極度哀傷/飲泣
- ☐ 脾氣暴躁/易怒
- ☐ 疏離/冷漠/麻木
- ☐ 內疚

## 行為

- ☐ 尋找傷害或殺死自己的方式
  （例如：訪查可從高處墮下的地點）
- ☐ 自我忽視
- ☐ 魯莽地行動或以焦慮不安的方式對待自己
- ☐ 從朋友、家人和社會中抽離/孤立自己
  （例如：對家庭或社交活動不感興趣）
- ☐ 交代或丟棄個人物品
- ☐ 訂立遺囑
- ☐ 改變睡眠或飲食習慣
- ☐ 體重驟變
- ☐ 逐漸養成不健康的生活習慣
  （例如：酗酒、吸毒）
- ☐ 疲勞或過度活躍
- ☐ 日常活動的表現變差

## 認知

- ☐ 自責或自我挫敗
- ☐ 缺乏人生目標
- ☐ 缺乏生存的理由
- ☐ 自尊/自我價值低
- ☐ 感到絕望、無助或無能
- ☐ 記憶力減退
- ☐ 專注力變弱
- ☐ 無法清晰思考

# 工具1.9：**評估長者常見精神健康問題的臨床量表**

為了及早識別長者的精神健康問題和潛在的自殺風險，建議在面談時，助人專業人士可利用以下臨床量表作全面的風險評估。

---

**抑鬱**

病人健康狀況問卷—9
Patient Health Questionnaire-9 (PHQ-9) (Kroenke & Spitzer, 2002)

問題數目：9
中文版：有
收費：免費

---

老年抑鬱量表
Geriatric Depression Scale (GDS) (Yesavage et al., 1983)

問題數目：30
中文版：有
收費：免費

---

**焦慮**

廣泛性焦慮量表
Generalised Anxiety Disorder Assessment (GAD-7) (Spitzer et al., 2006)

問題數目：7
中文版：有
收費：免費

---

**無望感**

貝克無望感量表
Beck Hopelessness Scale (BHS) (Beck, 1988)

問題數目：20
中文版：有
收費：免費

---

**孤獨感**

孤獨感量表
UCLA Loneliness Scale (Liu et al., 2020; Russell, Peplau, & Ferguson, 1980)

問題數目：20
中文版：有
收費：免費

# 工具1.10：**遇到有自殺風險的長者時「應做」及「不應做」的事**

 應做

- 積極聆聽和具同理心

- 保持中立態度

- 給予關愛和關注，提供適當支援

- 了解當事人自殺背後的原因和警號（例如：徵狀和危險行為）

- 了解當事人現有的資源（內在和外在）

- 最好能讓當事人遠離自殺工具

- 為當事人提供現有的資源

- 如果當事人正面臨嚴重或迫切的自殺風險，陪伴他們直至專業人士提供協助

 不應做

- 中斷或忽略個案的說話

- 只關注事情的表面

- 質疑或懷疑當事人

- 用不適當的情緒回應當事人的問題

- 處事態度輕率（包括：欠缺同理心或心存假設性的想法，例如：「您應該不是認真的想自殺」或「事情總會變得更好」）

- 許下無法履行的承諾

- 承諾對自殺行為保密

- 給予假希望（例如：當事人可以在任何人身上找到合適的幫助）

- 假若當事人面臨嚴重或即時的自殺風險，請不要漠視他們，甚至逃避自己的專業臨床責任

摘錄自 CSRP (2015)。

## 工具1.11：**與個案互動的常見技巧**

與個案建立良好的關係並運用有效的溝通技巧，將有助助人專業人士進行有效的自殺風險評估。

| 技巧 | 例子 |
|---|---|
| **1. 使用開放式問題**<br><br>• 引導當事人以他/她自己的言語表達自己的問題 | • 「我能以甚麼方式幫助您？」<br><br>• 「此刻，有甚麼讓您感到困擾？」 |
| **2. 使用同理心的聆聽**<br><br>• 細心留意當事人的説話，並釐清他/她的核心想法，尤其是一些隱藏的訊息 | • 假設當事人向你透露「在過去的幾天裏，我一直處於嚴重的失眠狀態，這使我差不多失去對所有事物的興趣」，他/她的困擾不僅是睡眠問題，還有失去對事物的興趣 |
| **3. 運用和留意非語言的信號**<br><br>• 經常微笑並保持正面的眼神接觸；偶爾點頭表示你正在注意當事人的説話，並明白他/她的情況<br><br>• 檢視當事人的整體表達方式(例如：面部表情、姿勢、語氣和語言使用)<br><br>• 對當事人的非語言信號作出回應，表現出真摯的理解和專注<br><br>• 不要打斷當事人的話 | • 「您的精神狀態似乎比較差……除了睡眠問題之外，還有其他事情困擾著您嗎？」<br><br>• 「我感覺到您的情緒很糟；請告訴我，除了身體不適之外，是否還有其他原因導致您感到不舒服嗎？」 |
| **4. 引導口頭回應**<br><br>• 以合適的節奏和溫和的方式交談，有助當事人放鬆<br><br>• 使用簡單的口頭回應，讓當事人確定您正在聆聽，並鼓勵他/她繼續分享 | • 「我明白您在説甚麼。」<br><br>• 「我真的理解您的感受。」<br><br>• 「請您繼續。」<br><br>• 「如您覺得可以的話，請您讓我知道更多關於您的狀況。」 |

| | |
|---|---|
| 5. 將當事人的情況和觀點（包括：負面情緒）正常化並給予肯定<br><br>• 無條件地接納和體諒當事人生活中的困難、情感、掙扎和痛苦 | • 「要渡過這些充滿挑戰的時刻確實非常困難。」<br><br>• 避免給予沒有意義的建議，例如：「您要振作起來」或「事情總是可以解決的」之類的説話 |
| 6. 理解自殺污名阻礙求助<br><br>• 理解自殺污名可能會影響當事人向助人專業人士求助的意願 | • 「許多經歷類似困難的人都可能曾經想過傷害自己或希望自己死去。您有曾經想過嗎？」 |
| 7. 了解自殺念頭／行為背後的動機<br><br>• 嘗試了解更多當事人的想法，尤其是自殺行為背後的動機。長者可能有特定的動機（例如：渴望擺脫痛苦、避免自己成為其他人的負擔）<br><br>• 了解當事人自殺的動機將有助釐定介入的方向 | • 「為甚麼您想結束自己的生命？」 |

摘錄自 CSRP (2015)。

# 第二章　介入方法

# 介入方法

## 工具2.1：**安全計劃**

### **安全計劃**

當您冒出傷害自己或自殺的念頭時，請採取以下步驟。自殺念頭往往會在當刻感到很強烈，且揮之不去，假若給予足夠的時間和支持，這些想法和念頭會逐漸消減。絕望和無助感會慢慢消失，那時您可以專注處理最初引發負面想法的問題。您是有能力渡過當前的難關——請謹記，與他人保持聯繫以得到適當的協助是非常重要的！

當被自殺念頭纏繞時，您可能難以集中精神及保持頭腦清醒，請複製此安全計劃，並將副本保存在易於取閱的地方（例如：錢包、手機套或手提包中）。

---

行動1　進行下列活動以安頓或安撫自己的情緒：

_____

行動2　提醒自己繼續生存的原因：

_____

行動3　立即聯絡朋友、親戚或摯愛

　　　　姓名：_____　電話號碼：_____

行動4　如果無法聯絡上述親友，請立即聯絡以下人士

　　　　姓名：_____　電話號碼：_____

行動5　與助人專業人士聯繫（例如：社工、醫生、心理學家）

　　　　姓名：_____　電話號碼：_____

行動6　撥打危機熱線

　　　　電話號碼：_____

行動7　前往安全的地方

行動8　前往最近的醫院急診室

行動9　在我認為自己無法安全到達醫院的情況下，請致電999要求緊急送院
　　　　（有關人士將及時安排我安全地送院）

---

摘錄自 Monk et al. (2007)。

# 工具2.2：自殺風險評估表

由於評估自殺個案的複雜性，助人專業人士可以參考以下自殺風險評估表，以掌握如何對個案的風險級別進行分類。這通常包括從他/她的危險因素、保護因素以及自殺念頭或行為作出綜合評估。然而，該表僅作為一個指引，並沒有規定任何必須完成的強制性程序/狀況。助人專業人士需要視乎專業知識、經驗和臨床判斷，評估當前個案的自殺風險（Monk et al., 2007）。

| 風險因素 | 自殺風險級別 | | |
| --- | --- | --- | --- |
| | 輕微 | 中度 | 嚴重/非常嚴重 |
| 自殺念頭 | ☐ 偶爾會有強烈死念，但轉瞬即逝<br>☐ 沒有或輕微的死慾 | ☐ 頻密、強烈持久並難以消除的死念<br>☐ 對死亡感到模棱兩可 | ☐ 極端和堅定不移的死念<br>☐ 肯定而強烈的死慾 |
| 自殺計劃（例如：緊急程度） | ☐ 沒有迫切的自殺計劃<br>☐ 沒有死亡危機 | ☐ 迫切但不確實的計劃（例如：不久的將來，但沒有確切時間）<br>☐ 間接的死亡危機 | ☐ 迫切而具體的計劃（例如：已有時間和地點）<br>☐ 明確的死亡危機 |
| 自殺方式（例如：可行性、嚴重性） | ☐ 自殺方法不實際，無法達成或未經全面考慮 | ☐ 自殺方法可行，但有機會獲救（例如：服食化學藥品、服藥過量） | ☐ 自殺方法很容易達成，並且大多數是致命的，幾乎沒有機會獲救（例如：跳樓、上吊） |
| 情緒/精神狀態 | ☐ 不快樂，容易被觸動<br>☐ 輕微的精神困擾 | ☐ 情緒波動，缺乏情感表達<br>☐ 中度精神困擾 | ☐ 情緒麻木或容易激動（例如：緊張、煩躁、生氣）<br>☐ 嚴重或無法忍受的精神困擾（例如：強烈感覺被拒絕和社交孤立） |
| 家庭/社交支援 | ☐ 足夠或合理的家庭/社交支援 | ☐ 較少或薄弱的家庭/社交支援<br>☐ 與重要的家人或人士發生中度衝突 | ☐ 嚴重缺乏家庭/社交支援（例如：社交孤立）<br>☐ 與重要的家人或人士發生激烈衝突 |

| 曾企圖自殺（及自我傷害） | ☐ 沒有企圖自殺經驗 | ☐ 曾有一次企圖自殺經驗 | ☐ 曾有多次企圖自殺經驗 |
|---|---|---|---|
| 生存的動力 | ☐ 希望情況會有所好轉<br>☐ 對未來有具體計劃 | ☐ 負面和黯淡的前景<br>☐ 對未來感到不明朗和黯淡 | ☐ 絕望和無助感<br>☐ 對未來沒有計劃，認為活著並無意義 |
| | 備註： | | |
| 其他風險因素 | ☐ 確診精神疾病<br>☐ 自殺家族史<br>☐ 有自殺傾向的朋友／熟人<br>☐ 最近經歷失喪事件<br>☐ 強烈及持續的哀傷<br>☐ 濫藥問題<br>☐ 持續的關係問題<br>☐ 最近被法庭起訴（例如：參與犯罪）<br>☐ 對尋求協助持負面態度<br>☐ 身邊重要的人輕視了個案的自殺傾向<br>☐ 有暴力或謀殺想法<br>☐ 慣性的衝動行為模式<br>☐ 認知功能退化（例如：重性精神病） | | |
| 自殺風險的整體級別臨床評估 | ☐ 輕微<br>☐ 中度<br>☐ 嚴重／非常嚴重<br>註釋：<br><br><br>＊請注意，風險級別的分類僅根據上述因素而作出的全面臨床評估 | | |
| 評估日期 | | | |

## 工具2.3：**風險管理圖**

**低至輕微**
- 針對潛在問題的心理治療
- 增強應對能力
- 識別個人資源和優勢
- 持續評估和監察

**中度**
- 穩定性
- 安全計劃
- 考慮住院
- 減少接觸自殺工具的機會
- 增強解決問題的技巧
- 持續評估和監察
- 家庭參與
- 適時轉介

**嚴重至
非常嚴重**
- 穩定性
- 陪伴
- 遠離自殺工具
- 確保安全 (緊急情況致電999)
- 適時轉介
- 家庭參與
- 住院
- 24小時緊急和危機介入服務
- 個人支援 (針對處理即時問題)
- 藥物治療
- 多元化的支援和治療

# 工具2.4：**個案住院檢查清單**

當有自殺傾向的個案出現以下情況時，必須考慮住院的迫切性：

## （A）整體／一般情況

- ☐ 高／非常嚴重的自殺風險
- ☐ 高／不確定的風險因素與保護因素比率
- ☐ 衝動（即導致風險級別的急劇變化）
- ☐ 有嚴重的潛在精神病問題而需要迫切治療（例如：思覺失調或重度抑鬱）

## （B）特殊情況 (Linehan, Heard, & Armstrong, 1993)

- ☐ 患有無法忍受的精神病，缺乏社交支援，並有企圖自殺的危機
- ☐ 對自己或他人構成威脅
- ☐ 正接受精神科藥物治療並需要持續監察，且有嚴重濫用藥物歷史
- ☐ 患有嚴重的抑鬱或焦慮，而一般門診的治療不起作用
- ☐ 在應對重大危機時，無可避免地傷害自己，及環境不安全（即自殺的可能性超越了住院的弊端）

## 何時考慮非自願入院？

根據《精神健康條例》第136章非自願入院

- 通常在個案同意的情況下安排住院
- 如果個案 (i) 展示嚴重危害其生命或他人生命的想法或行為，並且 (ii) 考慮到以下因素而無法輕易取得個案的同意，則應考慮非自願入院：
  - ☐ 在當前環境下無法確保個案的安全
  - ☐ 懷疑或已經知道該個案患有精神疾病，因而嚴重地削弱他／她對周圍環境作出適當應對或與他人互動的能力

## 入院前後家人和其他各方的參與

只要家人同意，就應該鼓勵他們參與決策過程。一些關於風險管理和治療後反應的心理健康教育，將有助提升家人的參與度。在危機處理上，盡可能與警察或社康護理服務保持緊密合作。詳細指引請參閱工具2.5和2.6。

# 工具2.5：**有關家庭參與個案的基礎知識**

對於個案的自殺念頭和/或行為，家人通常會作出以下反應，這些反應可能有不同的原因和意思：

## (1) 震驚、懷疑和痛苦

（例如：絕望、無助和挫敗的感覺）

- 覺得「心目中的理想世界」已被破壞，尤其是個案的自殺乃反映家中問題的一個強烈警號
  - ▶ 與治療其他創傷一樣，助人專業人士需要給予家人充足時間、相關資料和同理心，以應對他們的反應
- 感到無助，即使個案有慣性的自殺念頭
- 感到內疚或沒有盡好責任，尤其是家人為個案的主要照顧者
- 感覺受到個案或其他持份者（例如：親戚、朋友，甚至助人專業人士）的責備

## (2) 憤怒

（例如：認為個案出於「自私」而想自殺）

- 這或源於對預期的失去所積累的哀傷，或對個案最終會因自殺死亡的擔憂。以往曾有哀傷和喪親相關家族史的，亦可能加劇情緒。
- 擔心收入或個人聲譽受損和污名化（例如：「我們的親戚將如何看待我們呢？」）
- 認為個案一直是家庭中的「問題」，不斷地製造麻煩，並浪費了家人的時間和資源

## (3) 冷漠、疲勞和無助

- 當個案已有相對長久的自殺歷史
- 出現同理心疲乏，尤其是相關機構或其他部門支援不足，情況會更加嚴重

## 抱著不批判的態度和同理心為家人提供心理支援

在許可的情況下,盡可能鼓勵家人參與個案,包括以下:

- 提供與自殺相關、情緒病和藥物濫用等的心理健康教育;有需要時,應提供適當的心理治療來增強家庭的整體功能(例如:如何與有自殺傾向的親人同住)

- 助人專業人士可以與家人重新建立適合大家的相處方式,並探討解決衝突的方案(例如:訂立清晰的界限)

- 與家人建立和維持緊密的連繫是十分重要的

- 家人不僅可以監督和匯報個案最近的行為和狀況,還可進一步確保個案遵守其既定的介入或安全措施(例如:執行降低自殺風險的特定措施)

## 實踐家庭支援時的挑戰

許多有高自殺風險的長者正承受重大的社會疏離感,生活上也未能得到適當的支援。當以下情況出現時,困難會變得更大:

- 個案患有情緒疾病或其他心理問題,令他們對接受支援有負面或扭曲的看法

- 其他生活上的挑戰,例如:疾病、經濟壓力和藥物濫用,可能會進一步增加疏離感

- 其他家人和親友無法為長者提供足夠的關愛和支援,甚至可能感到挫折而離開

# 工具2.6：**專業人士協助個案家庭預防自殺的清單**

☐ 教導家人認識和了解自殺的風險因素

☐ 鼓勵家人參與自殺風險評估

☐ 提升家人對自殺行為的認識和釐清其他重要事項

☐ 教育家人如何留意有助於風險評估的客觀事實（例如：觀察個案最近表現有自殺風險的情況）

☐ 尊重個案家人的意見和意願

☐ 與家人保持適當的溝通，接納和明白他們的建議和顧慮

☐ 當個案面臨嚴重或緊急自殺危機時，則無需繼續遵從保密協議

☐ 檢視並運用個案可用的資源（例如：讓個案的家人定期參與整個治療和介入過程）

☐ 向家人清晰講解他們在整個治療和介入過程中的角色

☐ 讓家人明白他們在過程中參與的頻密程度和方式（例如：婚姻或家庭介入）

☐ 了解治療和介入措施的局限性／範圍（例如：當個案出現長久的自殺風險並對家庭生活產生負面影響時，以婚姻或家庭為基礎的治療可能更為合適和有效）

☐ 與個案家人保持適當的溝通和回應他們的要求，特別是當他們有疑慮而你無法作出適時的回應時，請謹記由團隊另一位同工回應

☐ 向家人提供適當的資訊（例如：小冊子、網站、書籍），並鼓勵他們尋求其他幫助，以減輕孤獨感

☐ 如果個案不幸因自殺離世，請保持與家人接觸並提供適切的支援（有關自殺後介入的詳細內容，請參閱本冊第3章「自殺事後介入」章節）

第三章　**自殺事後介入**

## 自殺事後介入

### 工具3.1：**與自殺者的密切程度及相對影響**

與自殺事件或死者有關連的人士 (例如：旁觀者)

因自殺事件而受到不同程度影響的人

與死者有密切關係，但最終會逐漸適應的人

與死者關係密切，哀傷及喪親的情緒持續良久，甚至影響日常生活

參考資料：Cerel, McIntosh, Neimeyer, Maple, & Marshall (2014)。

# 工具3.2：**自殺影響的連續模型——評估所需的介入水平**

以下內容可能會幫助你決定一個自殺個案出現後，你的社區/中心需要採取何種級別的介入。

## 第1級：普遍性預防策略

- 建議中心提供心理健康教育的單張或小冊子，並派發予社區中受自殺事件困擾的人。

## 第2級：社區和小組層面

- 可以在社區定期開辦哀傷支援小組，幫助喪親的長者處理哀傷，不論其去世的親人是因為自殺或其他原因（例如：疾病）而死亡。
- 如社區中有重要成員自殺身亡，適當時可組織悼念活動。

## 第3級：個人心理輔導或哀傷小組

- 個別人士因區內自殺事件而持續受到困擾時，需為他們提供個人心理輔導或安排參與哀傷治療小組。
- 如出現抑鬱徵狀，不論其與死者的關係，應考慮提供個人心理輔導及進行自殺風險評估。

## 第4級：深入的心理治療

- 如個別人士正經歷更嚴重的徵狀（請參考第3.2.3節），影響其日常生活，則建議由精神健康服務機構/合資格的助人專業人士提供更深入的心理治療和頻繁的情緒支援。另外亦要為當事人進行自殺風險評估，並考慮轉介至精神專科醫護人員跟進。

# 工具3.3：社會工作者適用的指引——如何支援喪親者（自殺者遺屬）

步驟1：提供實際支援

## 初步聯繫

☐ 在警察介入下，應在48小時內聯繫有關親人（經同意）

☐ 由受訓工作人員進行初步聯繫

## 在第一次聯繫中，工作人員應要考慮以下事項：

☐ 介紹服務，表示慰問

☐ 檢視誰還有可能受到影響

☐ 解決實際問題或疑慮，評估是否有任何風險因素（如果有，請採取相應措施）

☐ 在7–14天內安排面談

☐ 提供支援服務的相關資訊

---

## 臨床注意事項

在事情發生之後，遺屬可能會感到震驚或拒絕承認事實，他們通常會專注於處理葬禮的細節，通知親友，並忙於適應沒有死者的生活。或許，他們暫時還沒有準備好接受他人的支援。儘管如此，助人專業人員應該繼續與遺屬保持聯繫，並派發印有心理健康教育和求助方法等資訊的單張。

**步驟 2：提供個別支援**

### 重新投入新生活

- 學習新技能
- 將精神/精力重新放到生活中的其他部分
- 調整自我，發展新的生活方式，並擁有對自我的意識
- 放開對舊事的依戀

### 適應喪親的新環境

- 回憶往事
- 鼓勵以自己的方法與死者保持某種形式的「聯繫」
- 改變環境中容易讓人想起死者的地方

### 經歷痛苦並適應喪親

- 與遺屬同行，並做一個具同理心的聆聽者
- 幫助遺屬覺察自己的感受，並尋找表達自己感受的方法。感受可以透過言語或非言語表達，例如繪畫、音樂、藝術等。

### 接受現實和承認喪親

- 接受死亡：口頭承認和安排儀式
- 與遺屬同行，面對「為甚麼」這問題，尋求答案

為了支援不同情緒反應,以下提出一些建議:

| 情緒反應 | 背後原因 | 如何提供支援 |
|---|---|---|
| 悲傷 | • 面對喪失和分離的正常反應 | • 接納悲傷的感受,容許情感表達<br>• 不要企圖即時讓他們振奮起來 |
| 對死者、他人或神明感到憤怒 | • 憤怒通常是表面的感受,而導致憤怒的原因可能是罪疚感、責備、認為事情是可避免的,以及感到被拋棄。<br>• 由於自殺身亡的個案,「兇手」和死者都是同一個人,這可能為自殺者遺屬帶來非常矛盾和令人困惑的情緒,而這些感受一般較難釋懷 | • 容許自殺者遺屬感受憤怒<br>• 不要批判這份憤怒的感受<br>• 為這份憤怒的感受命名,並提出問題以找出解答的對象 |
| 焦慮、擔心自己和他人 | • 害怕孤獨<br>• 擔憂經濟困難<br>• 恐懼不確定性和即將發生的變化 | • 承認並接納焦慮感<br>• 處理實際的憂慮 |
| 如釋重負 | • 死者從長期疾病/行為煎熬中釋放出來 | • 接納這種感受,並留意可能出現的罪疚感 |
| 麻木 | • 有些人會以這種方式(通常不自覺地)回應,使自己從痛苦中抽離出來 | • 接納這種感覺並了解它背後所隱藏的東西 |
| 震驚 | • 情緒嚴重地受自殺事件影響,類似其他創傷事件,例如:自然災害或意外死亡 | • 接納這種震驚,並容許情感表達<br>• 詢問他/她如何得知這次自殺事件 |
| 內疚與責備 | • 自殺者遺屬常常認為他們「應該」能夠挽救自己所愛的人的生命。自殺事件後,他們經常會反覆思考自己當時可以做些甚麼以避免事件發生<br>• 有些遺屬可能認為自殺之前發生的某件事件觸發或導致自殺(例如:「我們吵架了」,「我留下她一人」)<br>• 以個別事件、情況或個人責任解釋自殺死亡是很常見的。這可能是由於自殺者遺屬需要理解看似難以理解的事情 | • 接納這種內疚感受<br>• 重要的是讓遺屬明白自殺不能歸因於個別事件。自殺的原因通常很複雜,涉及多個相互關聯的因素<br>• 不要說「不應該感到內疚」,可嘗試說「明白真的很難理解他/她為何要選擇自殺,但你要知道你並不須為這件事負責」 |
| 羞恥 | • 羞恥感可能源於內疚和自責<br>• 羞恥感與自殺的污名有關 | • 接納這種羞恥感<br>• 認識自殺和污名所引起的羞恥感 |
| 被遺棄和被拒絕 | • 自殺被視作強烈被遺棄/被拒絕的感覺;從自殺者遺屬的角度來看,死者選擇了死亡而不是繼續與他們維持關係。他們也可能覺得死者拒絕了遺屬所提供的幫助 | • 承認並接納這種被拒絕的感受<br>• 認識可能出現的孤立感和孤獨感 |
| 困惑和懷疑 | • 對他們所愛的人自殺的原因感到困惑,是許多自殺者遺屬曾經歷的普遍經驗<br>• 無法得到解答會帶來沉重的負擔 | • 明白遺屬在尋找自殺原因的過程能有助他們克服這些感受,儘管很多時都不會找到答案 |

# 工具3.4：**評估和監察複雜性哀傷**

1. 較高風險出現複雜性哀傷的人士或處境：

☐ 與死者最親近的人

☐ 與死者有不健康的依附關係的人

☐ 精神病患者

☐ 目睹自殺者身亡的人

　　▶ 自殺者遺屬可能是第一個發現自殺事件的人（例如：發現死者躺在臥室中），這可能會引起強烈的情緒反應，類似於創傷性的反應

☐ 突然自殺死亡


2. 關於複雜性哀傷的徵狀，必須在喪親後持續最少12個月，並且臨床上達到顯著程度。如果你的個案出現以下徵狀，請盡快向相關專業人士尋求協助：

☐ 對死者有持續強烈的留戀或渴望

☐ 強烈的哀傷和痛苦感受

☐ 除了與死者相關的事，不太會關注其他事情

☐ 糾纏於死者尋死的原因

☐ 對接受死亡的事實出現明顯困難

☐ 對親友離世感到難以置信或麻木

☐ 未能回顧與死者美好的回憶

☐ 哀悼過程中有很多痛苦或憤怒的情緒

☐ 對於親友離世過度自責

☐ 強烈迴避任何與死者有關的事物／地點

☐ 為了想與死者在一起而產生尋死的渴望

☐ 自親友去世後難以信任其他人

☐ 認為沒有死者的生活是沒有意義或空虛的，甚至無法正常生活

☐ 對人生意義感到困惑，或對自己的身份意識感到模糊

☐ 自親友離世後對任何事情都無法提起興趣或不願計劃未來

# 工具3.5：**制定以社區為本的自殺事後介入計劃指南**

何時需要實施社區為本的介入措施？

自殺事後介入工作是公共衛生的一個重要部分。自殺的影響不限於死者身邊最親近的人，反之，每一件自殺事件都可能造成廣泛的影響。根據Berman的研究，他指出每件自殺事件都可能影響約6至60人不等（Berman, 2011）。因此，機構甚或整個社區，尤其是社交活動頻繁或關係緊密的社區，都有機會成為「介入對象」。

以社區為本的應對措施應該包括以下目標：

| **1**<br>安排有效的事後介入工作，並與不同機構和持份者協作 | **2**<br>就自殺對個人、機構和社區所造成的影響，提供精準而簡短的資訊 |
|---|---|
| **4**<br>提前準備事後介入支援服務。找出服務及訓練需求的缺失，並為前線專業人士提供有關喪親支援的培訓。 | **3**<br>與傳媒保持聯絡，確保媒體（包括社交媒體）報道有關自殺新聞的方式不會助長自殺風氣，及對遺屬增加不必要的壓力 |

有關以上目標的詳細內容，請參閱第3.3.2節。

## 以下是制定自殺事後介入支援服務的步驟和指引

### 步驟1：蒐集社區的背景資料及了解其需求

☐ 先從了解和收集以往（至少兩年）曾在社區中發生的自殺事件及死亡人數開始

| | | | | |
|---|---|---|---|---|
| • 你所屬的地區每年有多少人死於自殺？<br>• 在香港，你可以透過香港大學防止自殺研究中心查詢數據。 | • 這些自殺個案發生在社區的哪些地方？<br>• 有沒有特定的自殺地點？ | • 社區的自殺個案是甚麼年齡、性別和自殺方式？<br>• 與社區服務機構有甚麼聯繫？ | • 探討社區的自殺或自殘趨勢 | • 了解每件自殺事件發生後曾引起的狀況。<br>• 有關自殺死亡的消息是如何在社區中傳播？<br>• 社區有否特別的安排或行動？<br>• 甚麼是有效的行動，出現哪些問題和關注點？<br>• 決定即時通報方式，例如：是否需要警察在現場提供支援和/或通知自殺個案的直系親屬？ |

### 步驟2：讓社區持份者參與

☐ 辨識社區持份者的身份，並讓他們積極參與自殺後介入的策劃和實踐工作。主要參與者可能包括：警察、驗屍官、區議員、房屋署、教育工作者、社會服務機構、宗教團體等。

☐ 召開跨機構和跨部門會議，討論事項包括：

- 服務願景
- 需求服務的意識
- 服務對象、服務構思
- 對其他服務可能帶來的影響與挑戰
- 與現有服務之間的協作
- 如有需要，可考慮成立一個指導小組（用於實踐項目）、諮詢小組（用於諮詢意見）和持份者小組（服務使用者）

### 步驟3：建立良好社區支援服務的願景

☐ 在跨部門小組中，訂立自殺後支援服務的目的，並考慮設定以下目標：

| 降低遺屬自殺率 | 為自殺者遺屬去污名化 | 專業人士應了解每個自殺者遺屬的獨特需要，並提供協助 | 打擊自殺成風，避免形成自殺群組的風險 |
|---|---|---|---|

## 步驟 4：設立服務範圍

- ☐ 檢視現有的危機應對計劃，並作出適當的修改或調整，以便針對長者的需要，識別有效的方法，並探討是否需要強化服務或改善對現有服務的協調和支援
- ☐ 找出現有服務的不足之處，並探索是否有足夠的資源去解決這些問題
- ☐ 在落實服務之前，探討自殺者遺屬將如何獲得支援
- ☐ 可以參考其他社區經驗嗎？
- ☐ 以下是服務的潛在目標群體：

  - 成人
  - 兒童和青少年
  - 近親
  - 親密家人
  - 親密朋友
  - 家人朋友
  - 前同事

  - 曾參與協助自殺者的助人專業人士（例如：社會工作者、活動工作員）
  - 目擊或發現自殺事件的社區人士
  - 與自殺死者關係密切的區外人士

- ☐ 服務將提供甚麼？考慮以下幾點：

  - 提供心理健康資訊
  - 服務應回應遺屬的需求
  - 主動為受影響人士提供外展服務
  - 由受訓義工提供個人支援服務
  - 由合資格的輔導員／心理學家／社會工作者提供個人支援服務

  - 自助小組
  - 促進小組（開放小組或封閉小組）
  - 提供即時支援服務
  - 轉介高危人士予精神健康服務
  - 籌辦悼念活動

## 步驟 5：籌劃服務並實踐計劃

- ☐ 實踐細節可參考本書實務部分第三章 3.2 節中有關對不同哀傷程度的介入方式
- ☐ 確保有支援員工的策略，並定期召開會議以跟進他們的身心狀況（例如：匯報、同伴支援、同伴監督）
- ☐ 培訓對於事後介入服務尤其重要，機構應為所有接觸自殺者遺屬的同工提供適當的培訓，同時需要提升其他同工對自殺風險的警覺性。

# 第四章 助人專業人士的自我照顧

## 助人專業人士的自我照顧

## 工具4.1：**助人專業人士工作壓力指標清單**

研究指出，處理有自殺傾向和自殺行為的人士是從事具壓力和挑戰的任務（Monk et al., 2007）。助人專業人士必須清晰了解因預防自殺工作而可能衍生的身心狀況，特別是職業倦怠和同理心疲乏。在整個服務過程中，助人專業人士應持續評估自己的健康狀況，並採取有效的自我照顧和應對措施。過度的工作壓力可能會呈現以下徵狀：

### 行為方面

☐ 對工作失去熱情

☐ 遲到

☐ 成就感低

☐ 容易感到沮喪和憤怒

☐ 變得越來越麻木

☐ 猶豫不決

☐ 不主動

☐ 在工作中自我抽離

☐ 對同事感到煩躁

### 心理方面

☐ 悲觀

☐ 抑鬱

☐ 絕望

☐ 空虛

☐ 情緒麻木或氾濫

☐ 負面的自我概念

☐ 內疚感

☐ 因成就感低而自我指責

☐ 強烈脆弱感

☐ 難以信任他人

☐ 出現與個人或工作相關創傷事件的侵入性想法或圖像

### 生理方面

☐ 體力耗竭

☐ 疲勞感

☐ 煩躁

☐ 頭疼

☐ 腸胃不適

☐ 背痛

☐ 體重改變

☐ 睡眠規律改變

### 專業方面

☐ 對個案產生懷疑、敵意或感到乏味

☐ 指責個案

☐ 對處理某些人或狀況感到恐懼

☐ 面談期間做白日夢

☐ 倉促地診斷或給予藥物治療

☐ 逃避開會

☐ 逃避與個案傾談艱難的問題

### 精神方面

☐ 失去信任、意義或目的

☐ 疏離或疏遠的感覺

☐ 價值觀改變

☐ 宗教信仰或關係改變

# 工具4.2：**自我評估表——專業生活品質量表**（Professional Quality of Life, ProQOL）

**專業生活品質量表**（Professional Quality of Life, ProQOL），版本5（2009）

當你[幫助]別人時，會直接接觸到他人的生活。你可能因此曾經驗過正面及負面的影響。下列問題是有關你身為助人者時所經歷過的正面及負面經驗。請依據你目前的工作狀況，來回答下列問題。請誠實地填寫出最符合你在過去30天中所經歷過的情況。

---

| 1 = 從未有過 | 2 = 很少 | 3 = 有些時候 | 4 = 經常如此 | 5 = 總是如此 |

___ 1. 我是快樂的。

___ 2. 我腦中常充滿了一個以上我所[幫助]過的人。

___ 3. [幫助]人讓我得到滿足感。

___ 4. 我覺得和其他人有所連繫。

___ 5. 突如其來的聲響會讓我感到驚嚇。

___ 6. 與需要被我[幫助]的人一起後，讓我感到神采奕奕。

___ 7. 我發現要將我的個人生活與[助人]工作分開來是困難的。

___ 8. 因為在[幫助]有嚴重創傷經驗的人時會睡得不好，所以我的工作效率會較差。

___ 9. 我想我已經被這些我所[幫助]的嚴重創傷者所影響。

___ 10. 從事[助人]的工作讓我感到陷入困境。

___ 11. 因為我的[助人工作]，讓我對很多事情感到緊張。

___ 12. 我喜歡從事[助人]的工作。

___ 13. 我所[幫助]的嚴重創傷者的經驗讓我感到沮喪。

___ 14. 我覺得我彷彿經歷了那些我曾經[幫助]的嚴重創傷者有過的創傷。

___ 15. 我有信念支持著我。

___ 16. 我對於自己能夠把[助人]的工作技巧與計劃保持進度感到滿意。

___ 17. 我是我想要成為的人。

___ 18. 我的工作使我感到滿意。

___ 19. 我覺得筋疲力竭，因為我的工作是一個[助人者]。

___ 20. 對於那些我[幫助]的人，以及我可以如何幫助他們，我有開心的想法和感覺。

___ 21. 我覺得很受不了，因為我的[工作]負擔似乎沒有止盡。

___ 22. 我相信透過我所做的，可以讓事情變得不同。

___ 23. 我避免某些活動或情況，因為它們讓我想起了我[幫助]的人的可怕經歷。

___ 24. 我很自豪我能做些什麼來[助人]。

___ 25. 由於我[助人]的結果，我有被侵擾和令人恐懼的想法。

___ 26. 我覺得「深陷」於制度的泥沼。

___ 27. 我認為我是一個「成功」的[助人者]。

___ 28. 我不記得我的工作當中那些是跟創傷受害者有關的重要部分。

___ 29. 我是一個非常有愛心的人。

___ 30. 我很高興我選擇了做這份工作。

---

B. Hudnall Stamm, 2009–2012. Professional Quality of Life: Compassion Satisfaction and Fatigue Version 5 (ProQOL). www.proqol.org.

## 計分方法

1. 確定你已回答所有問題。

2. 請倒轉你在題目 1、4、15、17 和 29 的得分，例如，如果你在題目 1 的得分是 1 分，即把分數倒轉為 5。這種做法會使評估結果更準確。

| 你的得分 | 倒轉後分數 |
|---|---|
| 1 | 5 |
| 2 | 4 |
| 3 | 3 |
| 4 | 2 |
| 5 | 1 |

計算「同理心滿意度」分數，請找出題目 3、6、12、16、18、20、22、24、27、30 的分數總和。

| 於同理心滿意度的得分 | 同理心滿意度的級別 |
|---|---|
| 22 分或以下 | 低 |
| 23 至 41 分 | 中等 |
| 42 分或以上 | 高 |

計算「職業倦怠」分數，請找出題目 1、4、8、10、15、17、19、21、26 和 29 的分數總和。

| 於職業倦怠的得分 | 職業倦怠的級別 |
|---|---|
| 22 分或以下 | 低 |
| 23 至 41 分 | 中等 |
| 42 分或以上 | 高 |

計算「次級創傷壓力」分數，請找出題目 2、5、7、9、11、13、14、23、25、28 的分數總和。

| 於次級創傷壓力的得分 | 次級創傷壓力的級別 |
|---|---|
| 22 分或以下 | 低 |
| 23 至 41 分 | 中等 |
| 42 分或以上 | 高 |

# 工具4.3：**自我照顧和應對措施**

在每個範疇中，請你列出一些有助自我照顧的方法。你可以使用一個記號代表你現時在該範疇的位置（即距離中間「理想的我」較遠或較近）。

| 生理方面 | 心靈方面 |
|---|---|
| | |
| **理想的我** | |
| 專業方面 | 社交方面 |

# 第五章 資源表

# 資源表

## 工具5：**資源表**

請掃描QR圖碼
觀看影片/獲取資源連結

### 促進精神健康和心理健康教育參考資料

以下資源可供長者和其家庭照顧者作為參考之用，有助提高他們對精神健康和
其他相關問題的認識，例如：與自殺相關的議題和照顧者的需要。

| 主題 | 網址 |
|---|---|
| 為自殺者遺屬提供的心理健康教育和其他資源 | **The HKJC Centre for Suicide Research and Prevention**<br>**香港大學香港賽馬會防止自殺研究中心**<br>中文版<br>https://csrp.hku.hk/wp-content/uploads/2015/06/A-Handbook-for-Survivors-of-Suicide_chn.pdf<br>英文版<br>https://csrp.hku.hk/wp-content/uploads/2015/06/A-Handbook-for-Survivors-of-Suicide.pdf |
| | **Conversations matter fact sheet and podcasts**<br>**自殺事件發生後，如何與遺屬保持安全和有效的對話**<br>Hunter Institute of Mental Health, Australia (2016)<br>澳大利亞亨特精神健康研究所（2016）<br>內容包括：<br>• 面對自殺者遺屬時，我們該説甚麼和做甚麼？<br>• 當懷疑自己認識的人正在考慮自殺時，我們該説甚麼和做甚麼？<br>http://www.conversationsmatter.com.au/ |
| | **Coping with the suicide of a loved one**<br>Stacey Freedenthal (2013)<br>應對親人的自殺事件。史黛西 • 費登塔（Stacey Freedenthal）<br>http://www.speakingofsuicide.com/2013/05/29/coping-with-the-suicide-of-a-loved-one/ |
| | **SOS: A handbook for survivors of suicide**<br>A pocket-sized quick reference booklet for suicide loss survivors.<br>American Association of Suicidology<br>《自殺者遺屬手冊》<br>由美國自殺學會出版，一本簡短和實用的參考手冊，適用於自殺者遺屬。<br>https://suicidology.org/wp-content/uploads/2019/07/SOS_handbook.pdf |
| | **賽馬會臨終關懷項目**<br>「吾該好死」小冊子<br>http://www.socsc.hku.hk/JCECC/%E5%90%BE%E8%A9%B2%E5%A5%BD%E6%AD%BB_IOA.pdf |

| 踏進晚年階段 與精神健康 | **食物及衞生局** |
| --- | --- |
| | 長者的預防護理 |
| | https://www.fhb.gov.hk/pho/main/preventive_care_for_older_adults.html?lang=2 |
| | 衞生署長者健康服務 |
| | 《活出安康樂耆年──長者精神健康手冊》電子書 |
| | https://www.elderly.gov.hk/ebook_mental_health/mobile/index.html |
| 常見的長者精 神健康問題 | **衞生署 長者健康服務網站** |
| | 中文版 |
| | https://www.elderly.gov.hk/tc_chi/healthy_ageing/mental_health/mental_health.html |
| | 英文版 |
| | https://www.elderly.gov.hk/english/healthy_ageing/mental_health/mental_health.html |
| | **食物及衞生局基層醫療健康辦事處** |
| | 長者的預防護理──基層醫療健康辦事處 |
| | https://www.fhb.gov.hk/pho/main/preventive_care_for_older_adults.html?lang=0 |
| | **Institute of Mental Health, Castel Peak Hospital** |
| | **青山醫院精神健康學院** |
| | 精神健康小貼士 |
| | 中文版 |
| | https://www3.ha.org.hk/cph/imh/mhi/index_chi.asp?lang=1 |
| | 英文版 |
| | https://www3.ha.org.hk/cph/imh/mhi/index.asp |
| 長者精神健康 急救 | **Mental Health Association of Hong Kong** |
| | **香港心理衞生會** |
| | http://www.mhfa.org.hk/Page_Introduction.php |
| 靜觀練習 | **靜觀練習：三分鐘呼吸空間（廣東話）** |
| | https://www.youtube.com/watch?v=0dnvyCJEGyE&t=119s |
| | **Newlife330.hk** |
| | 親生 • 身心靈 |
| | 靜觀身體掃描練習 |
| | https://www.youtube.com/watch?v=vnn5Xjp0fp0&t=124s |
| 身心健康行動 計劃® | **新生精神康復會** |
| | 中文版 |
| | https://www.nlpra.org.hk/tc/pnp/wrap |
| | 英文版 |
| | https://www.nlpra.org.hk/en/pnp/wrap |
| | **香港撒瑪利亞防止自殺會** |
| | https://sbhk.org.hk/ |

| 生命教育推廣活動 | **衛生署 長者健康服務網站**<br>護老者天地<br>https://www.elderly.gov.hk/tc_chi/carers.html |
|---|---|
| 支援家庭照顧者 | **醫院管理局 護老者篇**<br>「智老友」<br>https://www21.ha.org.hk/smartpatient/SmartElders/zh-cn/Carer-Corner/ |
| | **社會福利署**<br>衛生署<br>伴你同行支援護老者服務單張<br>https://www.swd.gov.hk/doc/elderly/carers_leaflet_detail(2).pdf |
| | **生命熱線**<br>陪著你——長者精神健康家庭支援計劃<br>https://www.sps.org.hk/?a=group&id=stand_by_you |
| 有關精神疾患的分類和診斷 | **食物及衛生局**<br>病人健康狀況問卷—9，是篩查抑鬱症的工具。（網上版本）<br>中文版<br>https://www.dhc.gov.hk/tc/depression_questionnaire.html<br>英文版<br>https://www.dhc.gov.hk/sc/depression_questionnaire.html |

# 預防自殺及與精神健康相關的地區支援及資源

## 自殺危機熱線

| | |
|---|---|
| 社會福利署熱線服務 | 2343-2255 |
| 撒瑪利亞會（多種語言） | 2896-0000 |
| 香港撒瑪利亞防止自殺會 | 2389-2222 |
| 生命熱線 | 2382-0000 |
| 明愛向晴熱線 | 18288 |
| 東華三院—芷若園 | 18281 |
| 協青社—跨區深宵外展支援服務 | 9088-1023 |
| 香港婦女中心協會—婦女求助熱線 | 2386-6255 |
| 香港單親協會—單親家庭熱線 | 2778-4849 |
| 人間互助社聯熱線 | 手機版 |

## 輔導服務

| | |
|---|---|
| 輔導中心服務—突破機構 | 2377-8511（醫護同行情緒支緩）<br>2632-0777 |
| 香港青年協會—關心一線 | 2777-8899 |
| 香港基督教服務處—逆旅同行輔導服務 | 2731-6251 |
| 浸信會愛羣社會服務處—臨床心理及輔導服務 | 3413-1604 |
| 循道衞理中心 | 2520-4933 |
| 醫院管理局精神健康專線 | 2466-7350 |

## 喪親支援服務

| | |
|---|---|
| 贐明會 | 2361-6606 |
| 社區善別輔導—善寧會 | 2725-7693 |
| 撒瑪利亞會（多種語言） | 2896-0000 |
| 香港撒瑪利亞防止自殺會 | 2389-2222／2319-1177 |
| 生命熱線 | 2382-0000／2382-2737 |
| 珍惜生命協會 | 2863-8151 |

# 參考文獻

# 參考文獻

Beck, Aaron T. (1988). *BHS, Beck hopelessness scale*. Psychological Corp.; Harcourt Brace Jovanovich.

Berman, A. L. (2011). Estimating the population of survivors of suicide: Seeking an evidence base. *Suicide and Life-Threatening Behavior*, *41*(1), 110–116.

Centre for Health Protection of the Department of Health. (2012). *Depression: Beyond feeling blue*. https://www.chp.gov.hk/files/pdf/ncd_watch_sep2012.pdf

Centre for Suicide Research and Prevention (CSRP). (2015). *Assessing and managing potentially suicidal patients: Practical guidelines for doctors*. https://csrp.hku.hk/wp-content/uploads/2015/06/DoctorGuidelines.pdf

Cerel, J., McIntosh, J. L., Neimeyer, R. A., Maple, M., & Marshall, D. (2014). The continuum of "survivorship": Definitional issues in the aftermath of suicide. *Suicide and Life-Threatening Behavior*, *44*(6), 591–600.

Kroenke, K., & Spitzer, R. L. (2002). The PHQ-9: A new depression diagnostic and severity measure. *Psychiatric Annals*, *32*(9), 509–515.

Linehan, M., Heard, H., & Armstrong, H. (1993). Naturalistic follow-up of a behavioural treatment for chronically parasuicidal borderline patients. *Archives of General Psychiatry*, *50*(12), 971–974.

Liu, T. et al. (2020). Adapting the UCLA 3-item loneliness scale for community-based depressive symptoms screening interview among older Chinese: A cross-sectional study. *BMJ Open*, *10*, 1–8.

Monk, L., Samra, J., British Columbia., & Simon Fraser University. (2007). *Working with the client who is suicidal: A tool for adult mental health and addiction service*. British Columbia Ministry of Health, Canada.

National Suicide Prevention Alliance. (2020). *Support after a suicide: Developing and delivering local bereavement support services*. https://suicidebereavementuk.com/wp-content/uploads/2020/09/NSPA_Developing-Delivering-Local-Bereavement-Support-Services.pdf

Russell, D., Peplau, L. A., & Ferguson, M. L. (1978). Developing a measure of loneliness. *Journal of Personality Assessment*, *42*(3), 290–294.

Spitzer, R. L., Kroenke, K., Williams, J. B., & Löwe, B. (2006). A brief measure for assessing generalized anxiety disorder: The GAD-7. *Archives of Internal Medicine*, *166*(10), 1092–1097.

Stamm, B. H. (2009). *Professional quality of life: Compassion satisfaction and fatigue version 5 (ProQOL)*. www.proqol.org.

Substance Abuse and Mental Health Services Administration (SAMHSA). (2015). *Promoting emotional health and preventing violence: A toolkit for senior centers*. https://store.samhsa.gov/

Survivors of Suicide Loss Task Force, National Action Alliance for Suicide Prevention. (2015). *Responding to grief, trauma, and distress after a suicide: US national guidelines*. https://theactionalliance.org/sites/default/files/inline-files/NationalGuidelines.pdf

Yesavage, J. A., Brink, T. L., Rose, T. L., Lum, O., Huang, V., Adey, M. B., & Leirer, V. O. (1983). Development and validation of a geriatric depression screening scale: A preliminary report. *Journal of Psychiatric Research*, *17*(1), 37–49.